New sPLUS(더존Smart)에 의한

전산회계운용

2급

임 규 찬

法 文 社

컴퓨터의 보급이 대중화되면서 회계프로그램의 개발과 발달로 인하여 회계의 전산화는 필연적이라 할 수 있다. 또한, 대학의 교과과정 중에 회계프로그램을 활용하여 회계처리과정을 설명하고, 회계정보를 산출하는 전산회계 관련 교과목은 다수가 존재한다. 이는 일선 대학들이 이론과 실무교육의 연계성을 강조하여 학생들이 졸업 후 실무 적응 능력을 배양하기 위함이라 할 수 있을 것이다.

본서 또한, 실무에서 많이 이용하고 있는 회계프로그램을 이용하여 회계의 전산처리과정을 보다 쉽게 설명하고, 일선 산업체에서 전산회계처리의 자습서로 이용하고자 전산회계운용이라는 교재를 출간하게 되었다.

본 교재는 총 8개의 장과 2개의 부록으로 구성되어 있다. 물론 각 장과 부록의 구성은 전산회계운용프로그램의 구성을 토대로 저자가 나름대로 구성한 것이다.

본 교재의 특징은 다음과 같다.

첫째, 교재를 이용하는 이용자에게 회계프로그램에 익숙하도록 프로그램의 화면과 기능들을 상세히 설명하였다.

둘째, 전산회계운용 2급의 자격증 취득을 준비하는 수험생을 대비하여 3회분의 기출문제를 수록하여 수험생들이 시험유형에 쉽게 적응하도록 하였다.

셋째, 전산회계운용 2급 자격시험과 실무에서 자주 발생하는 계정과목 위주로 예문과 연습문제를 충분히 수록하였다.

넷째, 회계학을 처음 접하는 이용자에게도 쉽게 이해할 수 있도록 기본적인 이론을 단원별로 수록하였다.

　그 동안의 강의경험을 충분히 교재에 수록하도록 나름대로 최선을 다하였지만 아직도 부족한 점이 많이 있는 것으로 사료된다. 이는 강의하시는 동료 선생님들과 교재를 이용하시는 이용자에게 충고와 제언을 부탁드리는 바이다.

　끝으로 어려운 환경에서도 교재출간을 흔쾌히 수락하여주신 법문사 사장님과 임직원분들께 깊은 감사를 드린다.

2021. 8.

임규찬 씀

차례

제 8 장

원가회계 125

부록 1

기출문제 155

부록 2

연습 및 기출문제 해답 211

화면의 구성

화면의 구성

제 1 절 프로그램의 작업순서

전산회계운용 프로그램의 구성은 회계, 인사급여, 물류관리, 법인조정으로 구성되어 있으며, 전산회계운용 2급의 범위는 회계와 물류관리를 대상으로 하고 있다.

전산회계운용프로그램의 작업순서

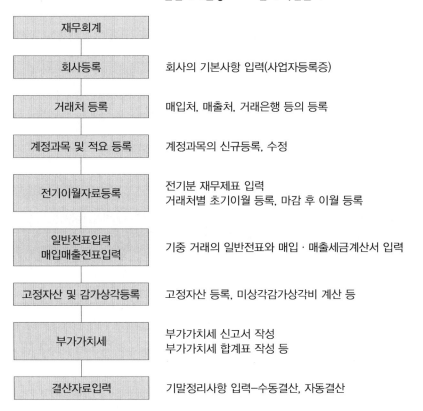

재무회계	
회사등록	회사의 기본사항 입력(사업자등록증)
거래처 등록	매입처, 매출처, 거래은행 등의 등록
계정과목 및 적요 등록	계정과목의 신규등록, 수정
전기이월자료등록	전기분 재무제표 입력 거래처별 초기이월 등록, 마감 후 이월 등록
일반전표입력 매입매출전표입력	기중 거래의 일반전표와 매입 · 매출세금계산서 입력
고정자산 및 감가상각등록	고정자산 등록, 미상각감가상각비 계산 등
부가가치세	부가가치세 신고서 작성 부가가치세 합계표 작성 등
결산자료입력	기말정리사항 입력–수동결산, 자동결산

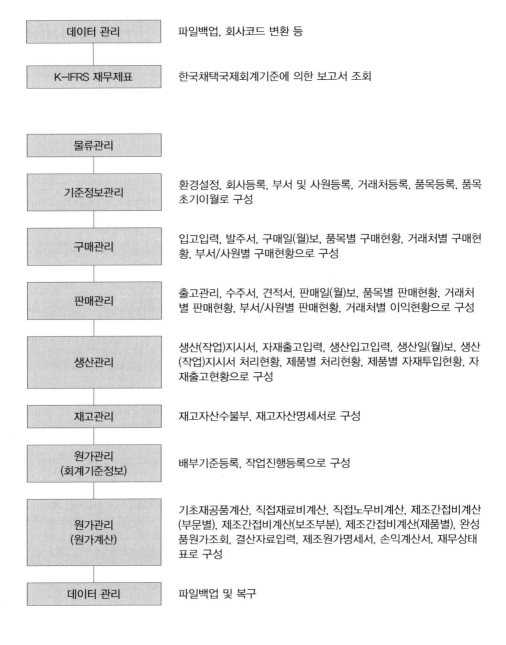

| 데이터 관리 | 파일백업, 회사코드 변환 등 |

| K-IFRS 재무제표 | 한국채택국제회계기준에 의한 보고서 조회 |

| 물류관리 | |

| 기준정보관리 | 환경설정, 회사등록, 부서 및 사원등록, 거래처등록, 품목등록, 품목 초기이월로 구성 |

| 구매관리 | 입고입력, 발주서, 구매일(월)보, 품목별 구매현황, 거래처별 구매현황, 부서/사원별 구매현황으로 구성 |

| 판매관리 | 출고관리, 수주서, 견적서, 판매일(월)보, 품목별 판매현황, 거래처별 판매현황, 부서/사원별 판매현황, 거래처별 이익현황으로 구성 |

| 생산관리 | 생산(작업)지시서, 자재출고입력, 생산입고입력, 생산일(월)보, 생산(작업)지시서 처리현황, 제품별 처리현황, 제품별 자재투입현황, 자재출고현황으로 구성 |

| 재고관리 | 재고자산수불부, 재고자산명세서로 구성 |

| 원가관리 (회계기준정보) | 배부기준등록, 작업진행등록으로 구성 |

| 원가관리 (원가계산) | 기초재공품계산, 직접재료비계산, 직접노무비계산, 제조간접비계산(부문별), 제조간접비계산(보조부분), 제조간접비계산(제품별), 완성품원가조회, 결산자료입력, 제조원가명세서, 손익계산서, 재무상태표로 구성 |

| 데이터 관리 | 파일백업 및 복구 |

■ 프로그램설치하기

전산회계운용사 실기프로그램인 NEW sPLUS의 설치는 대한상공회의소 웹디스크에 있는 프로그램을 다운받아 설치를 해야 한다.

프로그램 설치 절차는 다음과 같다.

• 대한상공회의소 웹디스크 접속

• http://webdisk.korcham.net (ID : korcham, PW : 111111)

• File Statiom 폴더 - 1. 전산회계운용사 실기 생성프로그램(2·3급)

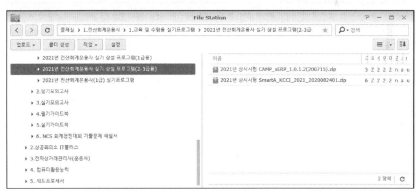

제2절   초기화면

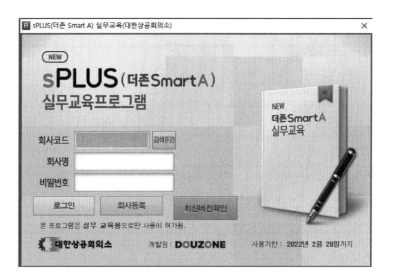

프로그램 초기화면의 내용

대 화 상 자	내용 및 기능
회 사 코 드	처음으로 작업하는 회사는 회사등록 후 코드를 입력하고, 등록된 회사는 코드를 선택
회 사 명	회사코드를 입력하면 자동으로 나타난다
비 밀 번 호	연습 중에는 가급적 입력하지 말 것
로 그 인	'회사코드' 및 '회사명'을 입력한 후 메인 화면으로 이동시 사용하는 버튼
최 신 버 전 확 인	프로그램 실행시 프로그램이 최신버전인지 확인
회 사 등 록 버 튼	본 프로그램으로 처음 작업하는 회사의 코드, 회사명 및 회사기본사항을 등록하는 버튼

제3절 메인화면

화면의 기능

화면의 구성	내용 및 기능
회 사 명	회사코드와 회사명이 표시
회 계 기 간	현재의 기수와 회계연도 표시
회 계 모 듈	[전표입력/장부, 기초정보관리, 결산/재무제표, 부가가치세, 고정자산/감가상각, 데이터관리] 등
인 사 급 여	기초/인사관리, 근로소득관리, 연말정산관리, 퇴직소득관리, 사업소득관리, 기타소득관리, 데이터관리
물 류 관 리	기준정보관리, 구매관리, 판매관리, 생산관리, 재고관리, 원가관리(원가기준정보), 원가관리(원가계산), 데이터관리
법 인 조 정	기초정보관리, 요약재무제표, 수입금조정, 감가상각비조정, 과목별세무조정, 소득 및 과표계산, 공제감면추납세액, 특별비용등 조정

기초정보관리

|제 2 장|
기초정보관리

제1절 회사등록

　회사등록은 회계처리의 주체가 되는 회사의 기본사항을 입력하는 절차이며, 가장 먼저 해야 하는 과정이다. 이곳에 등록된 사항은 프로그램의 운용에 영향을 미치므로 정확하게 입력을 해야 한다.

　사업자가 관할 세무서에 사업자등록 신청을 하면 사업자 등록증을 교부받게 되는데 이 사업자 등록증을 기초로 하여 회사등록을 하면 된다.

　회사등록을 하기 위해서는 다음과 같이 하면 된다. 기초정보관리에서 회사등록을 클릭하면 다음과 같은 회사등록 메인화면이 나타난다.

회사등록 화면

회사등록 화면의 내용

화면의 구성	내용 및 기능
코　　　드	• 임의로 101-9999번 중 4자리를 선택하여 입력
회　사　명	• 사업자등록증상의 상호명을 입력 • 상호명은 한글 10자이내, 영문20자 이내로 입력
구　　　분	• 법인의 경우는 "0", 개인의 경우는 "1"을 선택한다 • "법인"과 "개인"의 구분선택은 자본의 회계처리에 영향을 미치기 때문에 정확히 입력해야 한다. • 전산회계운용 2급 수준은 법인회사의 회계처리를 다루기 때문에 "법인"을 선택한다.
회　계　연　도	• 작업할 회사의 기수와 회계연도를 입력한다. • 기수는 사업개시 후 몇 번째 회계연도인지를 말하며, 보통 회사설립의 해수(나이)를 나타낸다. • 회계연도는 회계처리의 기간을 입력하며, 보통 1년이 된다.
사업자등록번호	• 사업자등록증상의 사업자등록번호를 입력한다. • 오류번호를 입력하면 빨간색으로 표시되어 확인을 요한다.
대　표　자　명	• 사업자등록증상의 대표자 성명을 기입한다. 대표자가 2인 이상일 경우는 "이수일 외 1"등으로 입력한다.
사　업　장　주　소	• 사업장 주소란에 위치하면 보조화면이 나오는데 여기에 사업장 소재지를 입력한다.
업　　　태	• 사업자등록증상의 업태를 입력한다. 즉, 제조업, 도소매업, 숙박업, 보건업, 서비스업, 임대업, 농업, 수산업, 광업 등으로 분류된다.
종　　　목	• 사업자등록증상의 종목을 입력한다. 종목이란 업태에 따라서 취급하는 주된 품목을 말한다.
사업장전화번호	• 지역번호부터 전화번호까지 순서대로 입력한다.
개 업 년 월 일	• 사업자등록증상의 개업년월일을 입력한다.
사업장관할세무서	• 코드도움단추(**? 코드도움**)를 클릭하여 해당 세무서를 선택한다.
비　밀　번　호	• 사용자만이 알고 있어야 할 비밀번호 4자리를 숫자로 입력한다. 입력된 비밀번호는 꼭 기억하고 있어야한다. 연습시에는 입력하지 않는 것이 좋다.

실습 자료 2-1

(주)세광은 휴대폰을 판매하는 법인기업이며 당기(제3기) 회계년도는 2021년 1월 1일부터 12월 31까지이다. 다음 사업자등록증을 보고 회사코드 250로 회사등록을 하여 보자.

(주)세광의 사업자등록증

사 업 자 등 록 증

(법인사업자)

등록번호 : 301-82-02514

① 상　　　호 : (주)세 광

② 대　표　자 : 임 세 광

③ 개 업 년 월 일 : 2019년 1월 20일

④ 법인 등록 번호 : 110111 - 0921513

⑤ 사업장소재지 : 청주시 청원구 대성로 298(내덕동)

⑥ 사업자 주소 : 청주시 청원구 대성로 298(내덕동)

⑦ 사업의 종류 : 소매업　종목　휴대폰

⑧ 교 부 사 유 : 신규신청

⑨ 주류판매신고번호 :

2019년 1월 20일

동청주세무서장 인

(주)세광의 회사등록 화면

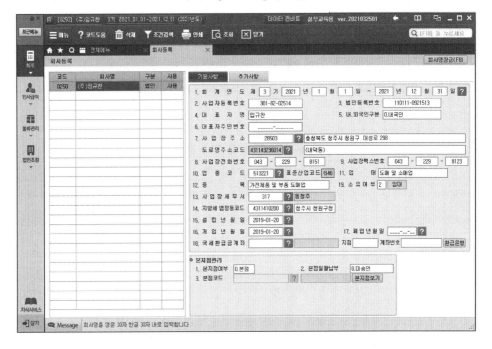

제2절 거래처등록

거래처등록은 상품, 제품, 원재료 등 기업의 핵심적인 영업활동과 관련하여 발생하는 채권, 채무와 기업의 핵심적인 영업활동 이외의 거래에서 발생하는 채권, 채무에 대한 거래처를 명확하게 파악하기 위하여 거래처를 등록한다. 거래처등록을 하게 되면 거래처원장을 만들 수 있다.

거래처등록은 거래처의 사업자등록증 사본과 세금계산서를 이용하여 등록하면 된다. 등록방법은 기초정보관리에서 거래처등록을 클릭하면 다음과 같은 거래처 등록 화면이 나타난다.

거래처등록 화면의 내용(일반거래처)

화면의 구성	내용 및 기능
코 드	• 00101~97999까지의 거래처코드 번호를 이용
거 래 처 명	• 한글 13자, 영문 26자 이내로 입력한다.
사 업 자 등 록 번 호	• 거래처의 사업자등록번호를 입력
주 민 등 록 번 호	• 해당 거래처 대표자의 주민등록번호를 기입한다. 단, 거래처가 기업이 아닌 일반인인 경우는 주민등록번호를 입력한 후 우측의 주민등록기재분 여·부 입력란에 숫자 "1"을 입력한다.
대 표 자 성 명	• 대표자 성명을 입력한다.
업 태	• 거래처의 업태를 입력한다.
종 목	• 거래처의 종목을 입력한다.
사 업 장 주 소	• 회사등록 때와 동일한 방법으로 입력한다.
전 화 번 호	• 거래처의 전화번호를 입력한다.

거래처등록 화면(일반거래처)

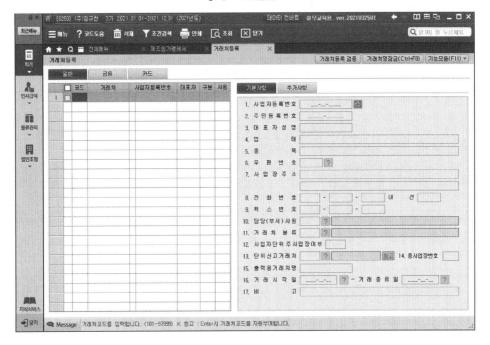

거래처등록 화면의 내용(금융기관)

화면의 구성	내용 및 기능
코 드	• 금융기관 사용 거래처 코드번호는 98000~99599의 범위내에서 코드 번호를 입력 할 수 있다.
거 래 처 명	• 금융기관의 상호명을 입력한다.
계 좌 번 호	• 해당은행에 개설된 통장의 계좌번호를 입력한다.
예 금 종 류	• 예금종류에 따라 주어진 자료를 입력하면 된다.

거래처등록 화면(금융기관)

거래처등록 화면의 내용(신용카드)

화면의 구성	내용 및 기능
코 드	• 신용카드 사용 거래처 코드번호는 99600~99999의 범위내에서 코드번호를 입력 할 수 있다.
거 래 처 명	• 신용카드사의 상호명을 입력한다.
가 맹 점 번 호	• 신용카드 가맹점 번호를 입력한다.
결 제 일	• 신용카드의 결제일을 입력한다.
입 금 구 좌 명	• 신용카드 결제금액이 입금되는 은행코드를 입력한다.
수 수 료	• 신용카드 결제시 지급되는 수수료율을 입력한다.
카 드 회 사 코 드	• 해당 카드회사 코드를 입력한다.

거래처등록 화면(신용카드)

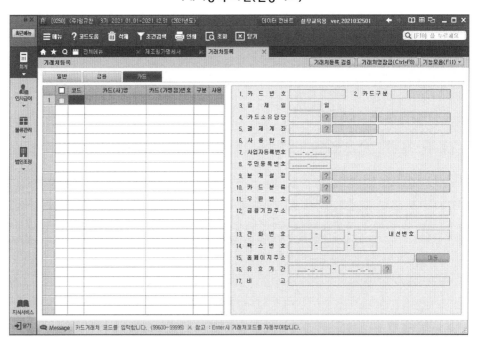

실습 자료 2-2

01. 다음은 (주)세광(회사코드: 0250)의 거래처에 대한 일반 자료이다. 자료를 보고 (주)세광(회사코드: 0250)의 일반 거래처로 등록하여 보자.

(주)세광의 거래처

구 분 ＼ 거래처	(주)서울	(주)오창	가경상사	갈마상사
코 드	310	311	312	313
사 업 자 등 록 번 호	123-81-21345	215-10-78259	209-26-69232	211-05-09547
대 표 자 명	이 서 울	김 오 창	박 가 경	임 갈 마
사업장 소재지	서울특별시 종로구 송월길 10	청주시 청원구 오창읍 괴정길 15-13	충청북도 청주시 흥덕구 월명로 11	대전광역시 서구 갈마로 10(갈마동)
업 태	도소매	도소매	도소매	도소매
종 목	자동차부품	전자제품	화공약품	화장품

구 분 ＼ 거래처	홍도상사	(주)대원	김포상사	도마상사
코 드	314	315	316	317
사 업 자 등 록 번 호	125-19-12258	125-22-21456	114-46-79013	113-81-34668
대 표 자 명	김 홍 도	박 대 원	강 포 수	김 도 마
사업장 소재지	서울특별시 서대문구 간호대로 10	서울특별시 마포구 마포대로 12	경기도 김포시 금포로 117(북변동)	대전광역시 서구 도마10길 10(도마동)
업 태	도소매업	도소매	도소매	도소매
종 목	전자제품	기계	소비자용품	청과물

02. 다음은 (주)세광(회사코드: 0250)에 대한 금융기관 거래처이다. 자료를 보고 금융기관 거래처로 등록하여 보자.

(1) 우리은행(코드: 98001)

카드번호	941 - 22 - 0017 - 300	구분	일반
예금종류	보통예금	이자율	1.3%

(2) 하나은행(코드: 98002)

계좌번호	8878-5612-3333	구분	정기예금
예금종류	기업예금	계약기간	2020.10.10. - 2021.10.09
만기수령액	70,000,000원	이자율	1.8%

(3) 신한은행(코드: 98003)

계좌번호	8899-0044-2276	구분	당좌예금
예금종류	당좌예금	계약기간	2020.12.10. - 2021.12.09
당좌한도액	100,000,000원	이자율	1.0%

(4) 국민은행(코드: 98004)

계좌번호	888 -332 - 2222 - 200	구분	일반
예금종류	보통예금	이자율	1.3%

03. 다음은 (주)세광(회사코드: 0250)에 대한 신용카드 거래처이다. 자료를 보고 신용카드 거래처로 등록하여 보자.

(1) 현대카드사(코드: 99622)

카드번호	9412 - 1243 - 0017 - 7894	카드구분	종 류
결제계좌	98001 우리은행	회사	매 입

(2) 신한카드사(코드: 99623)

가맹점 번호	4896 - 5844	수수료	종 류
입금구좌명	98001 우리은행	1.5%	매 출

[1] 일반 거래처 입력화면

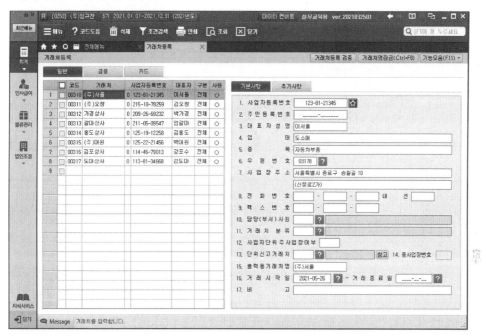

[2] 금융 거래처 입력화면

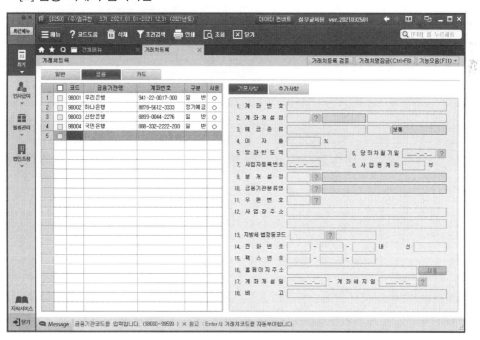

[3] 신용카드 거래처 입력화면

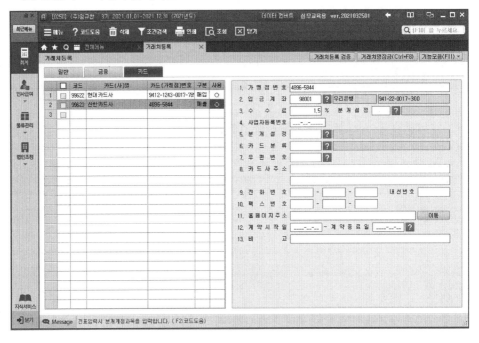

제3절 계정과목 및 적요등록

거래가 발생하면 자산, 부채, 자본, 비용, 수익에 증감변화가 발생한다. 이를 다시 구체적인 현금, 상품 등과 같이 각 종류별로 거래요소로 구성하고 있는 것들의 항목을 세워서 기록·계산하게 되는데 이를 위하여 설정되는 단위를 계정이라고 하며 구체적인 항목을 붙여서 계정과목이라 한다.

적요는 거래의 내용을 간단히 축약하여 기록하는 것을 의미한다. 전산회계에서는 일반적으로 널리 사용되는 계정과목과 적요는 등록되어 있으며 회사 자체적으로 사용되는 계정과목과 적요를 등록할 수 있도록 "회사설정계정과목"과 "신규 적요등록"란을 두어 회사에서 자체적으로 수정 또는 등록하여 사용할 수 있도록 설계되었다.

계정과목은 101~999번까지의 코드체계로 구성되어 있으며 코드체계의 분류는 다음과 같다.

계정과목 코드체계

코드	계정구분	코드	계정구분
101 – 145	당 좌 자 산	401 – 430	매 출
146 – 175	재 고 자 산	451 – 470	매 출 원 가
176 – 194	투 자 자 산	501 – 600	제 조 원 가
195 – 217	유 형 자 산	601 – 650	도 급 원 가
218 – 230	무 형 자 산	651 – 700	보 관 원 가
231 – 250	기 타 의 유 동 자 산	701 – 750	분 양 원 가
251 – 290	유 동 부 채	751 – 800	운 송 원 가
291 – 330	비 유 동 부 채	801 – 900	판매비와 관리비
331 – 340	자 본 금	901 – 950	영 업 외 수 익
341 – 350	자 본 잉 여 금	951 – 997	영 업 외 비 용
381 – 391	자 본 조 정	998 – 999	법 인 (소 득)
392 – 399	기 타 포 괄 손 익	1000 – 1010	특 수 계 정 과 목
351 – 380	이 익 잉 여 금		

☞ **계정과목 코드 사용에 대한 주의 사항**

대손충당금과 감가상가누계액 등의 계정과목은 코드가 여러 개로 구성되어 있어 사용에 주의를 기울여야 한다. 코드를 잘못 지정하면 전체적인 재무제표에 막대한 영향을 미치기 때문에 반드시 지정된 계정과목 코드를 사용해야 한다.

예를 들어 외상매출금에 대한 대손충당금을 입력하고자 할 때에는 외상매출금의 계정과목 코드가 108번이기 때문에 108번에 1을 가산한 109번의 대손충당금을 선택하여 입력하면 된다. 즉 해당 계정과목 코드에 1을 가산한 코드를 이용하면 된다. 이는 감가상각누계액의 이용에도 적용된다.

「기초정보관리」에서 하위메뉴인 「계정과목 및 적요등록」을 선택하면 다음과 같은 계정과목 및 적요등록 화면이 나타난다.

계정과목 및 적요등록 화면

(1) 계정과목 신규등록

• 계정과목을 신규등록을 하고자 할 경우에는 "회사설정계정과목"란에 커서를 두고 오른쪽에 등록하고자 하는 계정과목을 덧 씌워 입력하면 된다.

• "회사설정계정과목"을 사용하여 신규로 계정과목을 등록하기 위해서는 계정 과목 코드 체계를 반드시 준수해야 한다.

(2) 계정과목 및 적요 수정

• 계정과목 및 적요등록화면을 보면 계정과목이 빨간색과 검정색으로 표시되어 있는데   일반적으로 빨간색으로 표시되어 있는 계정과목은 수정이 불가능하 고, 검정색으로 표시되어 있는 계정과목 및 적요는 수정이 가능하다.

• 적색계정과목 수정 : 적색으로 표시되어 있는 계정과목을 수정하고자 할 때는 Ctrl + F1을 누르면 수정이 가능하다. 또한 빨간색으로 표시된 적요는 수정 이 불가능하다.

실습 자료 2-3

다음 사항을 (주)세광(회사코드: 0250)의 계정과목 및 적요 등록 메뉴에 신규 및 수정하여 등록하여 보자.

(1) 코드 852에 "연구비" 계정을 등록하시오.

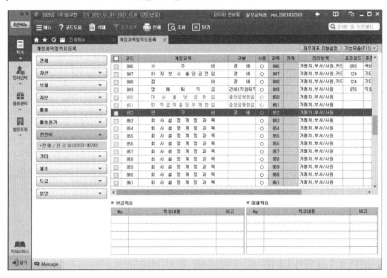

(2) 미수금계정과목의 대체적요란에 "9. 유가증권 매각대금 미수"를 등록하시오.

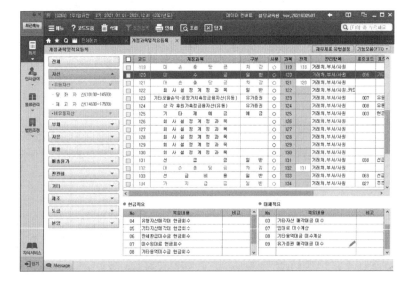

(3) 코드 964에 기타보증금을 "보증금"으로 수정하고, 현금적요 1번에 "일반보
증금 현금지급"을 등록하시오.

| 제4절 | 전기분 재무상태표 |

처음으로 전산회계프로그램을 이용하여 회계처리를 한 경우에는 비교식 재무제표의 작성과 재고자산들을 재무상태표, 손익계산서 등에 대체하여 관련 자료들을 산출하기 위하여 전기분 재무상태표를 입력해야 한다.

「기초정보관리」의 하위메뉴인 「전기분 재무상태표」를 선택하면 다음과 같은 전기분 재무상태표 화면이 나타난다.

화면의 왼쪽은 코드, 계정과목, 금액의 입력란으로 구성되어 있고, 화면의 오른쪽은 왼쪽의 입력을 자동으로 집계하여 표시하는 항목별 합계액 란이다.

전기분 재무상태표 화면

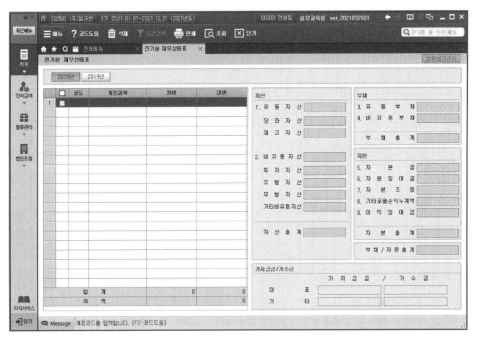

(1) 코드 및 계정과목

• 코드란에 계정과목 코드번호 3자리를 입력하면 자동으로 계정과목란에 계정과목이 입력된다.

• 코드란에 커서를 위치시키고 입력하고자 하는 계정과목의 앞 2글자를 입력하고 ⒠를 누르면 입력한 앞의 2글자가 들어간 계정과목이 모두 조회되고 이때 필요한 계정과목을 선택한다.(외상매출금을 입력한다고 가정하면)

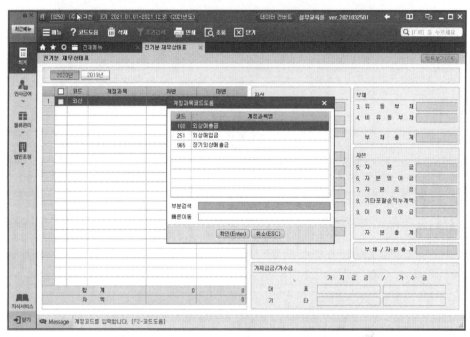

(2) 금액

계정과목과 관련된 금액을 정확하게 입력한다. 천 단위의 금액인 "000"을 한 번에 입력하고자 할 때는 키보드의 "+"키를 누르면 천단위인 "000"이 입력된다.

☞ **입력한 계정과목과 금액을 삭제할 경우**

입력한 내용을 삭제하고자 할 경우에는 삭제하고자 하는 계정과목 코드에 커서를 두고 🗑 삭제 아이콘 또는 F5 – 삭제키를 누르면 다음과 같은 "삭제하시겠습니까?" 메시지가 나타난다. 이 때 "예"를 선택하면 된다.

⊗≡ **실습 자료 2-4**

다음의 자료를 (주)세광(회사코드 : 0250)의 전기분 재무상태표에 입력하여 보자.

재 무 상 태 표

제2기 2020. 12. 31

회사명: (주)세광   (단위: 원)

과 목	금 액		과 목	금 액
현 금		46,380,000	외 상 매 입 금	28,420,000
당 좌 예 금		81,000,000	지 급 어 음	2,860,000
보 통 예 금		38,520,000	미 지 급 금	20,000,000
당기손익-공정		4,640,000	예 수 금	170,000
외 상 매 출 금		21,550,000	부 가 세 예 수 금	1,588,000
받 을 어 음	30,000,000		장 기 차 입 금	55,000,000
대 손 충 당 금	300,000	29,700,000	자 본 금	294,120,000
상 품		28,000,000	이 익 준 비 금	33,000,000
건 물	250,000,000		기업합리화적립금	3,300,000
감가상각누계액	39,000,000	211,000,000	이 월 이 익 잉여금	89,824,000
기 계 장 치	54,250,000			
감가상각누계액	18,258,000	35,992,000		
차 량 운 반 구	42,000,000			
감가상각누계액	21,000,000	21,000,000		
비 품	15,500,000			
감가상각누계액	5,000,000	10,500,000		
자 산 총 계		536,702,000	부채와 자본 총계	536,702,000

☞ **전기분 재무상태표 입력시 주의 사항**

- 법인사업자의 이월이익잉여금은 코드번호 "375", 이월결손금은 코드번호 "376"으로 입력한다.
- 재무상태표에서 당기순이익(손실)은 입력하지 않는다. 재무상태표에서는 이익 잉여금(결손금)은 차기이월이익잉여금(차기이월결손금)으로 표시된다.

전기분 재무상태표 입력 화면

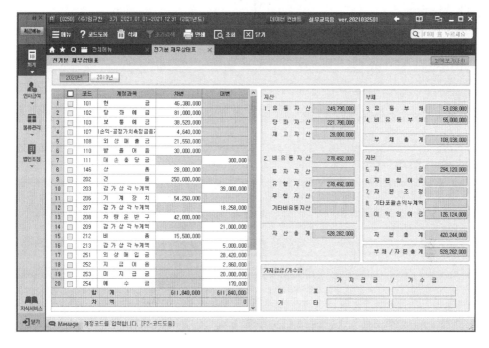

제5절   **전기분 손익계산서**

처음으로 전산회계프로그램을 이용하여 회계처리를 한 경우에는 전기분 손익계산서를 입력해야 한다.

「기초정보관리」의 하위메뉴인 「전기분 손익계산서」를 선택하면 다음과 같은 전기분 손익계산서 화면이 나타난다.

화면의 왼쪽은 코드, 계정과목, 금액의 입력란으로 구성되어 있고, 화면의 오른쪽은 왼쪽의 입력을 자동으로 집계하여 표시하는 항목별 합계액 란이다.

전기분 손익계산서 화면

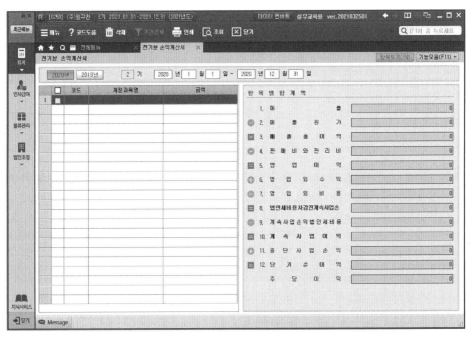

(1) 코드 및 계정과목

코드와 계정과목 및 금액의 입력은 전기분 재무상태표의 입력과 동일한 방법에 의하여 입력하면 된다.

(2) 매출원가의 입력

매출원가 코드입력은 도소매업(코드 : 451, 상품매출원가), 제조업(코드 : 455, 제품매출원가)을 선택하여 입력한다. 전산회계운용의 회계모듈은 상품매매업을 주 대상으로 하기 때문에 일반적으로 코드 : 451(상품매출원가)를 선택하면 된다. 기말제품재고액은 전기분 재무상태표에 입력된 재고자산 금액이 자동으로 반영된다. 매출원가의 산정은 다음과 같은 원리에 의하여 산정된다.

상품매출원가 = 기초상품재고액 + 당기매입액 − 기말상품재고액
제품매출원가 = 기초제품재고액 + 당기제품제조원가 − 기말제품재고액

매출원가 입력 화면

☞ **타 계정 대체액 입력시 주의 사항**

(1) 타 계정액에서 대체액

원가를 구성하는 재고자산이 매입과정이 아닌 다른 계정과목에서 대체되는 것으로 원가명세서 또는 손익계산서 작성시 해당 원가항목에 가산하여 표시하는 금액을 말한다. 예를 들면 본사에서 사용하기 위하여 구입한 난방용 유류를 사무실 회계부에서 사용하는 경우를 말한다. 따라서 이때에는 적요 번호 7번 "타 계정액에서 대체액"을 반드시 선택해야 한다.

(2) 타 계정으로 대체액

원가를 구성하는 재고자산이 해당 원가와 무관한 계정과목으로 대체되는 것으로, 원가명세서 또는 손익계산서 작성시 해당 원가를 차감하는 형식으로 표시되는 금액을 말한다. 예를 들면 판매를 목적으로 구입한 상품을 본사에서 사용하는 경우를 말한다. 따라서 이때에는 적요 번호 8번 "타 계정으로 대체액"을 반드시 선택해야 한다.

 실습 자료 2-5

다음의 자료를 (주)세광(회사코드: 0250)의 전기분 손익계산서에 입력하여 보자.

손 익 계 산 서

2020. 1. 1. - 2020. 12. 31

회사명: (주)세광 (단위: 원)

매 출 원 가	224,930,800	상품 매출액	354,500,000
기초상품재고액	8,005,000		
당기상품매입액	244,925,800		
기말상품재고액	28,000,000		
급 여	67,438,400		
복 리 후 생 비	12,000,000		
여 비 교 통 비	2,658,000		
접 대 비	5,855,000		
통 신 비	3,130,000		
수 도 광 열 비	2,251,300		
세 금 과 공 과 금	1,653,000		
감 가 상 각 비	2,858,500		
임 차 료	4,000,000		
수 선 비	650,000		
보 험 료	2,645,800		
차 량 유 지 비	6,580,000		
운 반 비	950,000		
도 서 인 쇄 비	770,000		
소 모 품 비	3,854,200		
수 수 료 비 용	1,200,000		
잡 비	525,000		
당 기 순 이 익	10,550,000		
	354,500,000		354,500,000

전기분 손익계산서 입력 화면

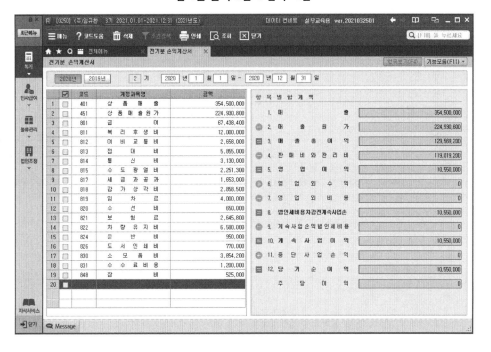

제6절 전기분 잉여금처분계산서

처음으로 전산회계운용프로그램을 이용하여 회계처리를 한 경우에는 전기분 잉여금처분계산서를 입력해야 한다.

「기초정보관리」의 하위메뉴인 「전기분 잉여금처분계산서」를 선택하면 다음과 같은 전기분 잉여금처분계산서 화면이 나타난다.

전기분 잉여금처분계산서 화면

과목	계정코드 및 과목명		금액
Ⅰ. 미처분이익잉여금			10,550,000
1. 전기이월미처분이익잉여금			
2. 회계변경의 누적효과	369	회 계 변 경 의 누 적 효 과	
3. 전기오류수정이익	370	회 사 설 정 계 정 과 목	
4. 전기오류수정손실	371	회 사 설 정 계 정 과 목	
5. 중간배당금	372	중 간 배 당 금	
6. 당기순이익			10,550,000
Ⅱ. 임의적립금 등의 이입액			
1.			
2.			
합 계			10,550,000
Ⅲ. 이익잉여금처분액			
1. 이익준비금	351	이 익 준 비 금	
2. 기업합리화적립금	352	기 업 합 리 화 적 립 금	
3. 배당금			
가. 현금배당	265	미 지 급 배 당 금	
나. 주식배당	387	미 교 부 주 식 배 당 금	
4. 사업확장적립금	356	사 업 확 장 적 립 금	
5. 감채 적립금	357	감 채 적 립 금	
6. 배당평균적립금	358	배 당 평 균 적 립 금	
Ⅳ. 차기이월 미처분이익잉여금			10,550,000

(1) 자료의 입력

전기분 이익잉여금처분계산서에 자료를 입력하려면 화살표를 이용하여 해당 자료의 금액을 입력하면 된다. 또는 이월결손금계산서를 그대로 입력을 하면 된다.

(2) 라인의 삽입과 삭제

라인의 사입과 삭제는 오른쪽 상단 기능모음 또는 F11를 활용하면 된다.

(3) 입력시 유의 사항

전산회계운용에서는 상품매매업 법인기업을 대상으로 하기 때문에 전기에 잉여금을 처분한 내역이 없는 경우라도 전기이월이익잉여금 또는 전기이월결손금과 전기분 당기순이익 및 당기순손실을 입력해야 한다. 이 때 이월결손금의 경우에는 음수(-)로 입력을 해야 한다.

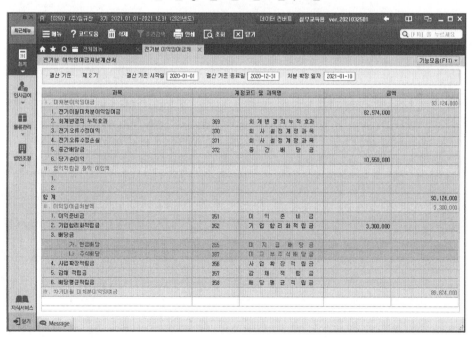

실습 자료 2-6

다음의 자료를 (주)세광(회사코드: 0250)의 전기분 잉여금처분계산서에 입력하여
보자.(처분확정일: 당기 2022. 01. 10, 전기 2021. 01. 10)

전기분이익잉여금처분계산서

과 목	금	액
Ⅰ. 처 분 전 이 익 잉 여 금		93,124,000
1. 전기이월이익잉여금	82,574,000	
2. 당 기 순 이 익	10,550,000	
Ⅱ. 임의적립금 등의 이입액		
Ⅲ. 이 익 잉 여 금 처 분 액		3,300,000
1. 기업합리화적립금	3,300,000	
Ⅳ. 차 기 이 월 이 익 잉 여 금		89,824,000

전기분 잉여금처분계산서 입력 화면

제7절   거래처별 초기이월

상품이나 제품 등의 계정과목에 대하여 특히 외상매출금, 받을어음, 외상매입금, 지급어음, 미지급금, 차입금 등의 계정과목에 대하여 거래처별 장부를 만들고자 할 때 거래처를 등록하고 전기말 잔액을 입력한다.

[전기분재무제표]의 하위메뉴인 [거래처별 초기이월]을 클릭하면 다음과 같은 거래처별 초기이월 화면이 나타난다.

거래처별 초기이월 화면

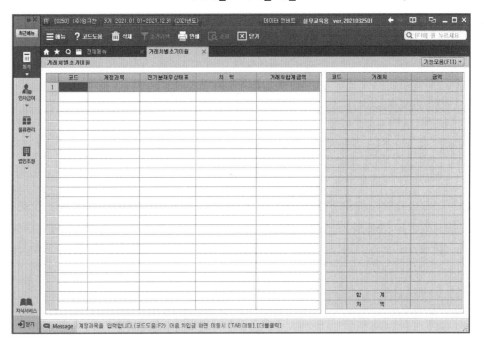

(1) 전기분 재무상태표 생성

메인화면에서 거래처별 초기이월을 클릭하면 전기분 재무상태표의 보조화면이 나타난다. 이때 오른쪽 상단 툴바에서 [기능모음] 메뉴를 클릭하여 불러오기 하면 전기분 재무상태표가 생성된다.

(2) 거래처 코드 및 금액입력

거래처 코드 및 금액입력은 **?코드도움** 아이콘 또는 F2 – 거래처코드도움키를 누르면 거래처코드도움 메뉴가 다음과 같이 나타나면 필요한 거래처를 방향키(▲ ▼ ↑ ↓)를 이용하여 이동한 후 거래처를 선택하면 된다. 그리고 거래처 코드는 거래처코드등록 메뉴에 등록한 거래처만 나타난다.

또한 금액은 거래처별로 발생한 금액을 입력하면 되고, 거래처별로 금액을 입력하면 화면 우측하단에 거래처별로 입력한 금액의 합계가 표시된다.

어음과 차입금의 입력은 [더블클릭, ATB키]를 이용하여 입력한다.

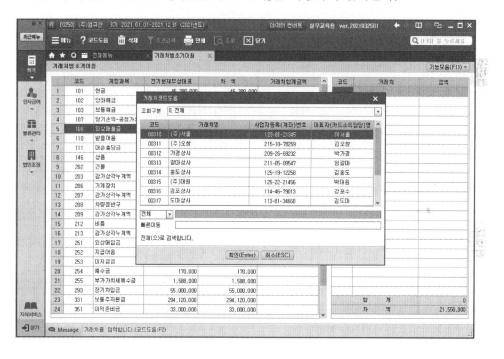

실습 자료 2-7

다음 (주)세광(회사코드: 0250)의 거래처별 초기이월 자료이다. 자료를 보고 입력하여 보자.

전기분이익잉여금처분계산서

계 정 과 목	금액 및 거래처별 잔액
외 상 매 출 금	₩21,550,000((주)서울: 9,550,000 가경상사: 12,000,000)
받 을 어 음	(주)서울: 20,000,000(발행일: 2020.11.20. 만기일: 2021.02.19.) 어음번호: 가나56474112
	가경상사: 10,000,000(발행일: 2020.12.20. 만기일: 2021.03.19.) 어음번호: 가나56474355
외 상 매 입 금	₩28,420,000(갈마상사: 11,920,000 홍도상사: 16,500,000)

외상매출금 거래처입력화면

전표의 입력

|제 3 장|
전표의 입력

제1절 입력화면의 구성

거래자료의 입력메뉴에는 일반전표입력, 매입매출전표입력 메뉴가 있다. 일반 전표입력은 부가가치세 신고와 관련된 거래 즉, 매입매출전표와 관련된 자료를 제 외한 모든 거래자료를 입력하는 곳이다.

(1) 전표입력

「전표입력」의 하위메뉴인 「일반전표입력」을 선택하면 다음과 같은 일반전표입력 화면이 나타난다.

일반전표 입력화면

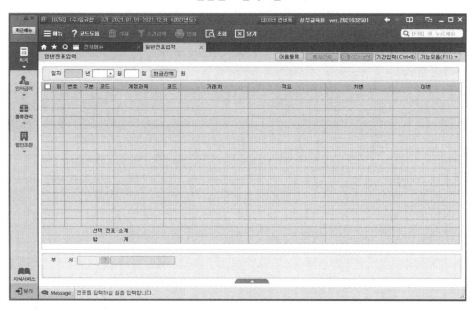

(2) 년, 월, 일

년,월,일은 거래가 발생한 년,월,일을 입력한다. 년은 자동으로 입력되며, 월,일은 거래 발생 월과 일을 입력한다.

(3) 번 호

전표번호를 말하며, 전표번호는 00001부터 일자별로 자동으로 부여되며 일자가 바뀌면 다시 00001부터 전표번호가 부여된다. 대체전표(대체분개)의 경우에는 1개의 전표로 보아 동일한 전표번호가 부여되며, 차변과 대변의 합계가 일치되면 다음 전표를 입력할 수 있도록 다음 전표번호가 자동으로 부여된다.

(4) 구분

전표의 유형(TYPE)을 입력하는 란이다. 여기에는 1 : 출금, 2 : 입금, 3 : 대체차변, 4 : 대체대변, 5 : 결산차변, 6 : 결산대변으로 구분된다. 이때 전표의 유형에 따라 1~6번 중에서 하나를 선택하면 된다.

(5) 계정과목

계정과목에 대한 코드를 알고 있을 경우에는 계정과목 코드번호를 직접입력 한다. 계정과목 코드를 모를 때는 코드란에서 입력하고자 하는 계정과목의 앞부분 2글자를 입력한 후 Enter를 치면 해당 글자가 포함된 계정과목이 조회된다. 커서를 이동하여 원하는 계정과목을 선택한 후 Enter를 치면 입력이 된다.

(6) 거래처 코드

① 거래처 코드를 알고 있는 경우
해당 거래처의 코드를 직접입력 한다.

② 거래처 코드를 모를 경우
도구모음줄의 [코드]를 마우스로 클릭하면 이미 등록해 놓은 거래처 코드와 회사명이 있는 보조화면이 나타날 때 커서를 이동하여 해당 거래처를 선택한다.

③ 추가로 거래처를 등록하고자 할 때

"+" 또는 "00000"을 치고 신규 거래처명을 입력 한 후 Enter↵를 누르면 "등록 하시겠습니까?"라는 메시지가 나타나는데 이때 [등록]을 선택하면 거래처가 추가로 등록된다.

(7) 적 요

적요는 거래 내역을 간단히 요약하여 전표에 기록하는 것을 의미한다. 입력방법은 다음의 3가지 방법이 있다.

① 저장된 적요 코드를 이용

본 프로그램에서는 빈번히 발생되는 거래에 대해서 그 적요를 저장해 놓고 있다. 따라서 커서가 현재 적요에 위치할 때 화면하단의 1~8번까지의 저장된 적요 중에서 알맞은 적요 번호를 입력하면 현재 적요란에 선택한 적요가 입력된다.

② 저장된 적요를 수정하여 이용

내장된 적요를 수정하여 등록하고자 할 때는 도구모음 줄의 [적요수정]을 마우스로 클릭하면 화면하단의 적요 1~8번으로 커서가 이동된다. 이때 등록된 내용을 수정하고 Enter↵를 치면 자동 저장된다.

③ 직접 적요를 입력

커서가 현재 적요에 위치할 때 숫자 "0"을 입력하면 커서가 오른쪽으로 이동하여 직접 적요를 입력할 수 있다. 회계처리가 능숙한 사람은 직접 적요를 입력하는 것이 편리하다.

(8) 어음관리

계정과목 중 어음과 관련된 계정과목인 받을어음과 지급어음은 별도로 관리가 필요하다. 은행으로부터 어음책을 수령하였으면 어음을 등록하여 사용하여야 하는데 등록방법은 상당 툴바에 어음등록 메뉴를 선택하여 입력하면 된다.

어음등록 입력 화면

 실습 자료 3-1

다음 자료를 보고 어음을 등록하여 보자

수령일	어음종류	금융기관	어음시작번호	매수
2021.01.10	어음	우리은행	나23500001	10

어음등록 입력 내용

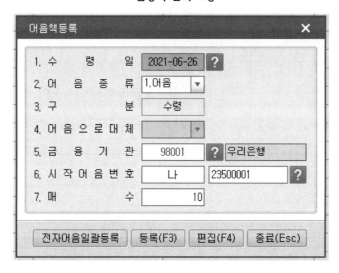

실습 자료 3-2

다음 자료는 (주)세광(코드: 0250)의 거래 내역이다. 일반전표에 입력해 보자.

1월 5일 매출거래처 직원과 식사를 하고 식사대금 ₩227,000을 현대카드로 결
         제하였다.

2월 52일
(차) 접 대 비   227,000 (대) 미지급금(현대카드)   227,000

1월 12일 국민은행 보통예금계좌에서 300,000원의 이자수익이 발생하였으며,
         원천징수법인세를 제외한 나머지 금액이 보통예금계좌로 입금되었
         다.(원천징수법인세율은 11%로 가정한다)

1월 12일
(차) 선납세금   30,000 (대) 이자수익   300,000
    보통예금   270,000

1월 20일 (주)서울에서 받아 두었던 약속어음 ₩20,000,000을 은행에서 할인하
         고 할인료 ₩320,000을 차감한 금액을 신한은행 당좌예금계좌에 입금
         하다.

1월 20일
(차) 당좌예금   19,680,000 (대) 받을어음((주)서울)   20,000,000
    매출채권처분손실   320,000

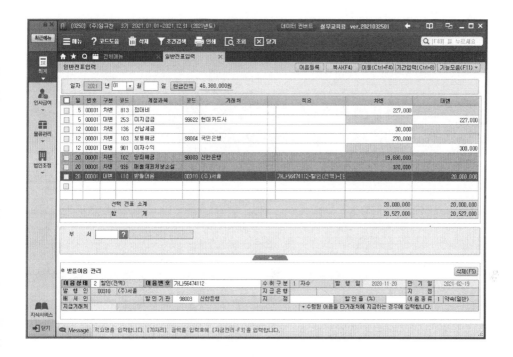

2월 10일 자본금을 증자하기 위해 액면금액 4,000원인 보통주 신주 2,000주를 액면금액으로 발행하고 우리은행 보통예금으로 납입 받다.

2월 10일

(차) 보통예금　　　　　　　　　8,000,000 (대) 자 본 금　　　　　　　8,000,000

2월 25일 액면총액 ₩50,000,000 (5,000주, @₩10,000)의 사채를 액면가액으로 발행하고 ₩30,000,000 신한은행에 당좌예입하고 나머지는 현금으로 수취하다.

2월 25일

(차) 당좌예금(신한은행)　　30,000,000 (대) 사　　채　　　　　50,000,000
　　현　　금　　　　　　　20,000,000

2월 26일 일시보유목적으로 취득한 시장성 있는 ㈜대원 주식 1,000주(장부금액 10,000,000원)를 주당 15,000원에 취득하고 대금은 신한은행 당좌수표를 발행하여 지급하고, 취득과 관련하여 발생한 수수료 50,000원은 현금으로 지급하였다.

2월 26일

(차)당기손익-공정금융자산 15,000,000 (대) 당좌예금   15,000,000

　수 수 료 비 용   150,000   현   금   150,000

3월 11일 사옥신축을 위한 신한은행 차입금의 이자비용 3,000,000원을 우리은행
　　　　 보통예금에서 이체하였으며, 이자비용은 자본화하기로 하였다. 착공
　　　　 일은 당해연도 10월 4일, 완공일은 2022년 8월 20일이다.

3월 11일

(차) 건설중인자산   3,000,000 (대) 보 통 예 금   3,000,000

3월 19일 매출처 가경상사에 대한 받을어음 ₩10,000,000을 당사 거래은행인 우
　　　　 리은행에 추심의뢰 하였는바, 추심료 ₩50,000을 차감한 잔액이 당사
　　　　 의 보통예금 계좌에 입금되었음을 통보 받았다.

3월 19일

(차) 보 통 예 금   9,950,000 (대) 받을어음(가경상사)   10,000,000

　수수료비용(판)   50,000

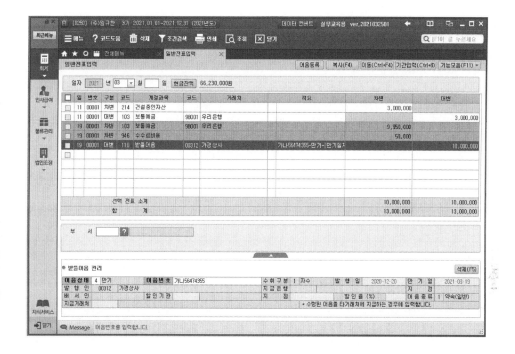

4월 11일 자본을 감소하기 위하여 주식 1,000주(액면 6,000원)를 1주당 5,000원에
매입소각하였다. 대금은 국민은행 보통예금에서 이체하였다.

4월 11일

(차) 자 본 금   6,000,000 (대) 보통예금   5,000,000

                                                        감자차익   1,000,000

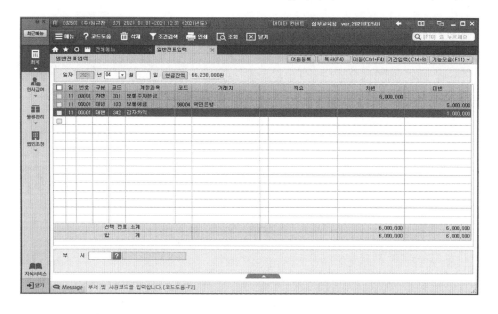

6월 20일 본사 창고에서 화재가 발생하여 창고에 보관하고 있던 상품
　　　　₩2,500,000(장부가액)이 소실되었다. 당사는 이와 관련한 보험에 가입
　　　　되어 있지 않다.

6월 20일

(차) 재해손실　　　　　　　　　2,500,000 (대) 상　　품　　　　　　　　2,500,000

6월 30일 매출처 가경상사에 대한 외상매출금(상품판매분임) ₩2,000,000이 약정
　　　　기일 보다 30일 빠르게 회수되어 2%의 할인을 하여주고, 잔액은 현금
　　　　으로 받았다.

6월 30일

(차) 매 출 할 인　　　　　　　　40,000 (대) 외상매출금(가경상사)　2,000,000

　　현　　　금　　　　　　　1,960,000

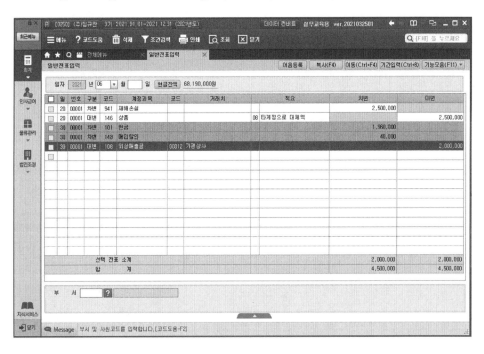

9월 15일 매입처 갈마상사의 외상매입금 잔액 중 ₩10,000,000을 약속어음
　　　　(2021.12.14 만기)을 발행하여 지급하였다.

9월 15일

(차) 외상매입금(갈마상사) 10,000,000 (대) 지급어음(갈마상사)   10,000,000

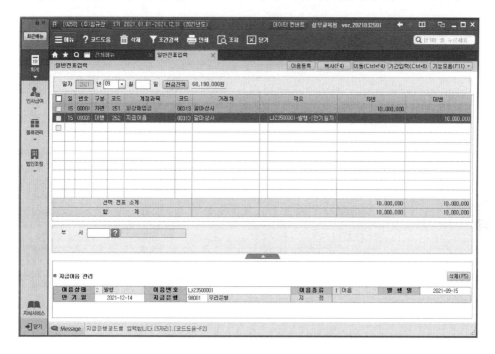

해답: p. 211 참조

> • 제조경비와 판매비와 관리비로 구분하여 분개할 것
> • 채권채무에 대해서는 거래처를 표기할 것

1월 5일 제조공장에서 원재료 운반에 사용하는 트럭의 자동차세 520,000원을
보통예금에서 납부하였다.

1월 8일 영업부 직원의 1월분 급여를 당사의 보통예금계좌에서 이체하였다.

직종구분	급여총액	근로소득세 등 공제액 합계	차인지급액
영업부	20,000,000원	500,000원	19,500,000원

1월 13일 일시보유목적으로 취득한 시장성 있는 주식 100주(장부금액 2,000,000
원)를 주당 15,000원에 전부 처분하고 대금은 보통예금계좌로 이체 받
다. 단, 주식 처분과 관련하여 발생한 수수료 50,000원은 현금으로 지
급하였다.

1월 15일 당사에서 제조한 제품(원가 2,000,000원, 시가 2,500,000원)을 충청북도에
기부하였다.

1월 22일 ㈜대전의 외상매입금 800,000원을 지급하기 위하여 약속어음(발행일로
부터 90일 만기)을 발행하여 지급하였다.

2월 11일 (주)우암상사의 1월말 현재 외상매출금 잔액 5,000,000원을 보통예금
통장으로 입금받다.

2월 12일 미지급금으로 계상되어 있는 공장 임차료 5,000,000원을 임대인(내덕부
동산)과 합의 하에 보증금과 상계하다.

2월 15일 (주)충남의 외상매입금 20,000,000원을 결제하기 위해 당사에서 제품매출로 받아 보관하고 있던 거래처 (주)청주 발행의 약속어음 10,000,000원을 배서양도하고, 나머지는 당사의 보통예금으로 지급하였다.

2월 25일 본사 영업팀에서 사용한 수도요금 320,000원과 공장의 전기요금 1,500,000원을 현금으로 은행에 납부하였다.

3월 13일 ABC에 수출(선적일자 3월 10일)한 제품 외상매출금이 보통예금 계좌에 원화로 환전되어 입금되었다.

> · 외상매출금 : 2,000달러
> · 3월 10일 환율 : 1,200원/달러
> · 3월 13일 환율 : 1,100원/달러

3월 21일 사옥신축을 위한 씨티은행 차입금의 이자비용 5,000,000원을 씨티은행 보통예금에서 이체하였으며, 이자비용은 자본화하기로 하였다. 착공일은 당해연도 3월 21일, 완공일은 2023년 9월 30일이다.

5월 5일 오창상사에 제품 6,000,000원(10개, @600,000원)을 판매하기로 계약하고, 대금 중 15%를 당좌예금계좌로 송금받다.

5월 8일 단기보유목적으로 (주)청주의 주식 2,000주(1주당 액면가액 5,000원)를 20,000,000원에 구입하면서 증권매입 수수료비용 100,000원을 포함하여 모두 현금으로 지급하였다.

5월 18일 본사 창고에서 화재가 발생하여 창고에 보관하고 있던 제품 10,000,000원(장부가액)이 소실되었다. 당사는 이와 관련한 보험에 가입되어 있지 않다.

5월 20일 전자제품수리부서의 사무용기기 임차에 따른 보증금으로 2,000,000원을 (주)육거리에 당좌수표로 지급하였다.

5월 25일 제조부서의 당월 상여금을 예수금(소득세 등)을 제외하고 보통예금계좌에서 이체하다.(상여금 총액은 10,000,000원이고, 이 중 예수금은 500,000원이다)

6월　5일 지난 해 대손이 확정되어 대손충당금과 상계 처리한 외상매출금 450,000을 현금으로 회수하였다.(부가가치세법상 대손세액은 고려하지 말 것)

6월 13일 우리대학에 의뢰한 신제품 개발에 따른 연구용역비 12,000,000원을 보통예금계좌에서 이체 지급하였다.(무형자산으로 처리할 것)

6월 18일 주주총회에서 결의된 바에 따라 유상증자를 실시하여 신주 10,000주(액면가액 1,000원)를 주당 2,500원에 발행하고, 증자와 관련하여 수수료 120,000원을 제외한 나머지 증자대금이 보통예금계좌에 입금되다.

6월 27일 창고 임차보증금에 대한 계약금 2,000,000원을 (주)충주개발에 당점 발행 당좌수표로 지급하였다. 계약기간은 2021년 8월 1일부터 2030년 7월 31일까지이다.

7월　6일 공장의 기계장치를 (주)우성산업에서 수리하고 당좌수표를 발행하여 수리비용 3,000,000원을 지급하다.(수익적지출로 회계처리 할 것)

7월　8일 공장 건물을 신축하기 위해 외부로부터 취득한 토지 30,000,000원에 대해 건물 신축을 포기하게 되어, 토지의 보유목적을 지가상승을 목적으로 하는 투자자산으로 변경하였다.

제3절 매입매출전표의 입력

매입매출전표입력은 부가가치세 신고와 관련된 거래 즉, 매입매출거래와 관련된 모든 자료를 입력하는 곳이다.

매입매출거래를 잘못하여 일반전표입력메뉴에 거래 자료를 입력하게 되면 부가가치세 관련 신고자료 및 신고서에 전혀 반영되지 않는다. 따라서 부가가치세 신고서에 부가가치세가 누락되면 탈세가 되기 때문에 매입매출전표입력은 특히 중요하다.

매입매출전표입력 화면

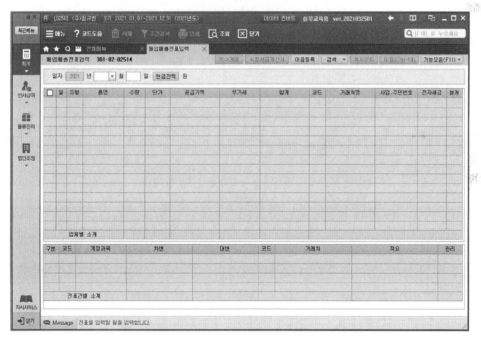

(1) 매입·매출 유형별 코드

유형란에 커서가 이동하면 다음과 같은 과세유형의 조회창이 나타난다. 여기에서 해당 매입, 매출 거래의 유형을 선택하여 숫자를 입력한다.

매출유형 코드

매출구분	내 용
11 : 과세	• 세금계산서를 교부하는 일반적인 매출거래, 일반매출세금계산서 (부가가치세 10%)
12 : 영세	• 구매승인서 · 내국신용장 등에 의해 국내 사업자간 수출할 목적의 물품을 공급하는 매출로 부가가치세법상 수출로 구분되며 영세율 적용대상이 되는 매출거래 • 매출세금계산서 영세율적용분 (LOCAL - LC)
13 : 면세	• 부가가치세 면세사업자가 발행하는 계산서 • 매출세액이 발생하지 않으며 부가가치세 납세의무도 없음
14 : 건별	• 소매매출로 세금계산서가 발행되지 않으며 영수증을 발행하는 거래를 기입하기 위한 구분 • 영수증 상의 총공급대가에 부가가치세가 포함되어 있으나 매출세액이 별도로 구분되어 나타나지 않음 • 화면의 공급가액란에 공급대가를 입력하고 [Enter↵]키를 치면 입력된 금액을 1.1로 나누어 공급가액과 부가가치세가 자동계산되어 입력된다.
15 : 간이	• 세금계산서가 발급되지 않는 과세매출을 입력할 때 선택 (14. 건별)과 차이 공급과액과 세액이 자동구분 되지 않음
16 : 수출	• 해외에 직접 수출하여 영세율이 적용되는 매출로 해외사업자에게 세금계산서를 교부하지 않기 때문에 세금계산서가 발행되지 않음 • 수출로서 "0"의 세율이 적용되기 때문에 매출세액이 발생되지 않음 • 외국에서 직접 수출하는 경우로 외국환증명서 · 수출면장 등의 자료
17 : 카과	• 신용카드에 의한 과세매출로 카드매출전표의 총공급대가에 부가가치세가 포함되어 있으나 매출세액이 별도로 구분되어 나타나지 않음 • 전산프로그램에서 입력시: "17.카과"를 선택하고 공급대가 총액(110%)을 공급가액란에 입력시키면 공급가액(100%)과 부가가치세(10%)가 자동구분되어 입력됨
18 : 카면	• 신용카드에 의한 면세매출로 매출세액이 발생하지 않음
22 : 현과	• 현금영수증에 의한 과세매출을 입력할 때 선택 (22. 현과)로 입력된 자료는 신용카드매출발행집계표의 과세분에 반영

매입유형 코드

매출구분	내 용
51 : 과세	• 세금계산서를 교부받은 일반적인 매입거래, 매입세액이 발생되며 공제가능, 일반 매입세금계산서(부가가치세 10%)
52 : 영세	• 구매승인서 · 내국신용장 등에 의해 수출을 목적으로 하는 매입으로 영세율 적용 대상이 되는 매입거래 • 매입세액이 "0"으로 나타남, 영세율적용분(LOCAL – LC)
53 : 면세	• 면세사업자로부터 세금계산서를 교부받고 매입한 거래 • 매입세액이 발생하지 않음
54 : 불공	• 세금계산서를 교부받았으나 공제받지 못할 매입세액에 해당하는 거래 • 접대비, 비영업용소형승용차*의 구입 및 유지에 관한 매입 • 면세사업과 관련 매입 • 공제받지 못하는 매입세액은 해당 거래 계정과목의 금액에 포함하여 회계처리
55 : 수입	• 재화를 수입하고 세관장으로부터 교부받은 수입세금계산서를 입력하기 위한 구분 • 매입세액만이 기입되며 거래처는 세금계산서를 발행한 세관이 됨
56 : 금전	• 매입세액공제가 가능하도록 금전등록기계산서에 이면확인을 받은 매입거래를 입력하기 위한 구분 • 현재는 적용되지 않음
57 : 카드	• 신용카드매입으로 매입세액공제 대상이 되는 거래를 입력하기 위한 구분
61 : 현과	• 현금영수증에 의한 과세매입을 입력할 때 선택

* 54 : 불공사유
~ 0 : 토지의 자본적 지출, 1 : 필요적 기재사항의 누락 2: 사업과 관련이 없는 지출, 3 : 비영업용 소형 승용차 구입 및 유지, 4 : 면세사업과 관련된 분, 9 : 접대비 관련 매입세액

(2) 공급가액 · 부가가치세 · 거래처

① 공급가액 : 수량·단가를 입력하면 자동으로 공급가액이 계산된다. 수량과 단가에 대한 자료가 없으면 공급가액만 입력한다.

② 부가가치세 : 공급가액이 입력되면 부가세 10%가 자동계산 된다. 코드유형이 영세율·면세·종합이면 부가가치세는 해당사항이 없으므로 부가세란으로 커서가 이동하지 않는다.

③ 거래처 : 일반전표입력에서와 동일한 방법으로 거래처를 입력 및 신규등록하면 된다.

(3) 분개 유형

매입매출거래에 대한 회계처리를 하기 위한 분개유형을 선택한다. 분개유형은 "0" : 분개없음, "1" : 현금, "2" : 외상, "3" : 혼합, "4" : 카드 등으로 구분한다.

실습 자료 3-3

다음 자료는 (주)세광(코드: 0250)의 거래 내역이다. 유형별로 구분하여 매입매출전표에 입력해 보자.

1월 10일 (주)세광은 상품을 판매하고 다음과 같은 전자세금계산서를 발행하였다. 이에 대한 적절한 회계처리를 하여라.

전자세금계산서(공급자보관용)

책 번 호	권	호
일련 번호	2 1	1 1 9

공급자	등록번호	3 0 1 - 8 2 - 0 2 5 1 4			공급받는자	등록번호	1 1 4 - 4 6 - 7 9 0 1 3		
	상 호 (법인명)	(주)세 광	성 명 (대표자)	김세광		상 호 (법인명)	김포상사	성 명 (대표자)	강포수
	사업장주소	청주시 청원구 대성로 298				사업장주소	안양시 만안구 석수동 250		
	업 태	도소매	종 목	자동차 등		업 태	제 조	종 목	화장품

작성		공 급 가 액		세 액		비 고

연	월	일	공란수	백	십	억	천	백	십	만	천	백	십	일	십	억	천	백	십	만	천	백	십	일	비 고
2021	1	10	3				9	0	0	0	0	0	0	0			9	0	0	0	0	0	0	0	

월	일	품 목	규격	수량	단 가	공 급 가 액	세 액	비 고
1	10	부속품		3,000	30,000	90,000,000	9,000,000	

합 계 금 액	현 금	수 표	어 음	외상미수금	이 금액을	영수 함 청구
99,000,000	50,000,000			49,000,000		

① 유 형: 11	② 거래처 : 김포상사	③ 분개유형 : 혼 합
(차) 현 금 50,000,000	(대) 상 품 매 출 90,000,000	
외상매출금 49,000,000	부가세예수금 9,000,000	

1월 20일 매출처에 선물할 선물용품을 다음과 같이 구입하고 전자세금계산서를 교부받았다.(전액 비용으로 회계처리 할 것)

(단위: 원)

품 목	수량	단 가	공급가액	부가가치세	거래처	결 제
선물용품	70개	100,000	7,000,000	700,000	(주)오창	전액 현금

① 유 형 : 54	② 거래처 : (주)오창	③ 분개유형 : 현 금
(차) 접 대 비 7,700,000	(대) 현 금 7,700,000	

1월 25일 (주)세광은 극동자동차로부터 업무용승용차 2,000cc를 ₩20,000,000원
에 취득하고 부가가치세 ₩2,000,000원을 포함하여 ₩22,000,000을 외
상하다.(다음 자료를 이용하여 극동자동차를 거래처로 등록하라.)

거래처코드	00337	사업자 등록번호	514 - 81 - 21217	대표자 명	김극동
주 소	광주시 북구 광산동 845-7	업 태	제 조	종 목	자동차

① 유 형: 51   ② 거래처 : 극동자동차   ③ 분개유형 : 혼 합

(차) 차량운반구   22,000,000 (대) 미 지 급 금   22,000,000

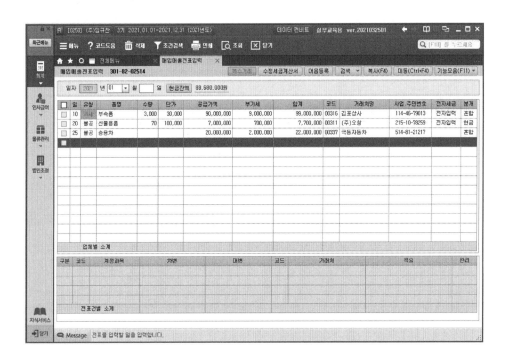

3월 7일 (주)세광은 갈마상사에 소유하고 있던 비품을 ₩4,000,000에 매각
하고 세금계산서를 교부하고 부가가치세 ₩400,000을 포함한 대금
₩4,400,000을 월말에 받기로 하였다. 비품의 취득원가는 ₩5,000,000
이며, 감가상각누계액은 ₩1,800,000이다. 이에 대한 적절한 회계처리
를 하여라.

① 유 형: 11		② 거래처 : 갈마상사		③ 분개유형 : 혼 합	
(차) 미 수 금	4,400,000	(대) 비　　품	5,000,000		
감가상각누계	1,800,000	부가세예수금	400,000		
		유형자산처분이익	800,000		

3월 20일 임원용 승용차(2,500CC)를 (주)대원에서 22,000,000원(부가가치세 포함)
에 12개월 할부로 구입하고 전자세금계산서를 수취하였다. 등록세와
취득세 등으로 1,100,000원을 현금으로 지급하였다.

① 유 형 : 54		② 거래처 : (주)대원		③ 분개유형 : 혼 합	
(차) 차량운반구	23,100,000	(대) 현　　금	1,100,000		
		미 지 급 금	22,000,000		

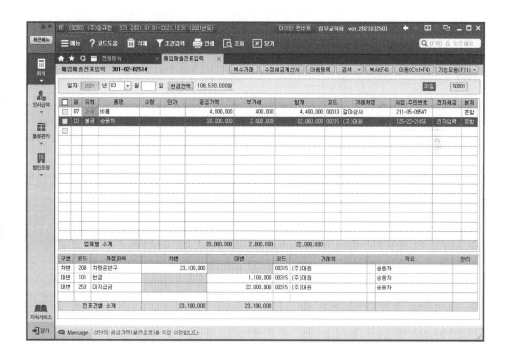

5월 12일 본사 사무실에서 사용할 컴퓨터를 ㈜서울에서 구입하였다. 대금은
3,300,000원(부가가치세 포함, 카드매입에 대한 부가가치세 매입세액 공제요

건을 충족함)이었으며 현대카드로 결제하였다.

① 유 형 : 57	② 거래처 : (주)서울	③ 분개유형 : 카 드	
(차) 비 품	3,000,000	(대) 미 지 급 금	3,300,000
부가세대급금	300,000		

5월 30일 도마상사에서 마케팅부서의 회식을 하고 음식값 990,000원(부가가치세 포함)을 현대카드로 결제하였다. 카드매입에 대한 부가가치세 매입세액 공제요건은 충족되었다.

① 유 형 : 57	② 거래처 : 도마상사	③ 분개유형 : 카 드	
(차) 복리후생비(판)	900,000	(대) 미지급금	990,000
부가세대급금	90,000		

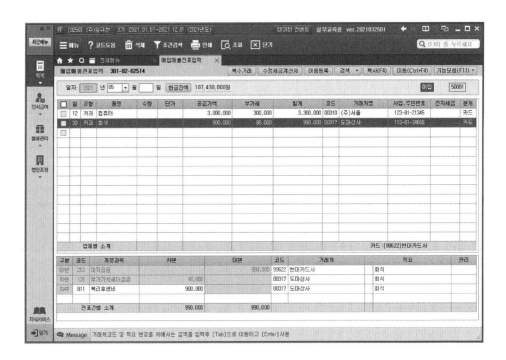

7월 16일 도매사업자인 홍도상사에 상품을 판매한 후 전자세금계산서를 발행하고 신용카드 발행분으로 판매대금을 수취하였다.
　　◇ 구매자 : 홍도상사　◇ 신용카드(거래처코드) : 신한카드
　　◇ 카드매출총액(부가가치세포함) : 5,500,000원

① 유 형 : 11	② 거래처 : 홍도상사		③ 분개유형 : 카 드	
(차) 외상매출금	5,500,000	(대) 상품매출		5,000,000
		부가세예수금		500,000

7월 24일 상품을 사업자가 아닌 조영진에게 소매로 판매하고, 공급가액 700,000 원(부가가치세 별도)의 세금계산서를 교부하였으며, 대금은 현금으로 수취하였다.(코드 : 117)

① 유 형 : 11	② 거래처 : 조영진		③ 분개유형 : 현 금	
(차) 현　　금	770,000	(대) 상 품 매 출		700,000
		부가세예수금		70,000

7월 30일 (주)오창에서 상품을 22,000,000원(부가가치세 포함)에 구입한 후 신용카드(현대카드)로 구입대금을 결제하였다. 세금계산서는 수령하지 아니하였으며 부가가치세 매입세액공제를 위한 요건을 모두 구비하였다.

① 유 형 : 57	② 거래처 : (주)오창		③ 분개유형 : 카 드	
(차) 상　　품	20,000,000	(대) 외상매입금		22,000,000
부가세대급금	2,000,000			

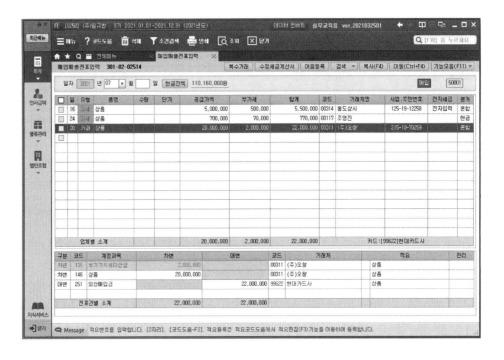

고정자산/감가상각

| 제 4 장 |
고정자산/감가상각

제1절　감가상각의 개념

(1) 감가상각의 의의

유형·무형의 자산에 대하여 시간의 경과, 사용 등에 의하여 그 가치가 점차로 감소하는 것을 감가라 하고, 이 감가액을 측정하여 당해 고정자산의 원가에서 차감하여 비용으로 처리하는 절차를 감가상각이라 한다. 이때 비용으로 계상하는 금액을 감가상각비라 한다. 감가상각은 고정자산의 추정이용기간에 원가의 기간배분을 하는 인위적인 회계절차이다.

(2) (감가)상각 대상자산

(감가)상각은 유형·무형자산에 대하여 행하여 지며 유형자산 중 토지와 건설중인자산은 제외된다. 즉, 건물, 차량운반구, 기계장치, 비품, 구축물 등의 유형자산과 영업권, 산업재산권(특허권, 실용실안권, 의장권, 상표권), 광업권, 어업권, 차지권, 창업비, 개발비 등과의 무형자산이다.

(3) 감가상각의 3요소

① 취득원가 : 감가상각의 산정기준이 되는 금액이며 실제 취득원가 또는 제작원가를 말하며 당해자산의 매입부대비용과 자본적 지출을 포함한다.
② 내용연수 : 자산을 취득하여 폐물이 될 때까지 사용가능한 연수를 말한다.
③ 잔존가치 : 자산의 내용연수가 만료된 뒤에 매각 처분하여 회수할 수 있는 처분 예정가액을 말한다. 세법상 유형·무형자산을 전액 상각하고 잔존가액을 0으로 하되 정률법일 경우는 취득원가의 5%를 잔존가액으로 규정하고 있다.

(4) 프로그램의 특징

감가상각메뉴에서 입력한 내용은 결산 및 기타의 메뉴에는 영향을 미치지 아니하며, 단지 감가상각명세서 등의 확인 및 조회만 가능하다. 다시 말해 감가상각비의 산출은 법인세법의 규정에 의하여 자동적으로 계산되며, 계산된 감가상각 데이터는 차기로 이월되며 감가상각비 조정명세서 작성시에 자동으로 반영된다.

또한 감가상각비는 수정이 가능하며 기업에서 별도의 방법으로 상각한 경우에도 관련 데이터를 입력하여 각종 감가상각명세서 등을 출력할 수 있다.

제2절   고정자산 등록

    유형자산의 감가상각비를 입력하기 위해서는 먼저 고정자산을 등록하여 감가상
각비를 계산하여야 한다. 메인화면에서 고정자산/감가상각 메뉴를 선택하여 하위
메뉴인 고정자산등록을 선택하면 다음과 같은 화면이 나타난다.

고정자산 등록 화면

실습 자료 4-1

다음 자료는 (주)세광(코드: 250)의 고정자산에 대한 자료이다. 자료를 보고 고정자산을 등록하고, 당기의 감가상각비를 계산하여 보자.

[고정자산 등록]

과목	자산명	용도	취득일	취득원가	누계액	상각방법	내용연수
건 물	도원실	본사	19. 1. 30	100,000,000	19,000,000	정액법	10
차 량 운반구	승용차	본사	19. 1. 25	25,495,000	0	정률법	5
기 계 장 치	경보기	본사	20. 6. 25	6,000,000	0	정률법	5
비 품	복사기	본사	20. 1. 10	10,500,000	3,200,000	정액법	5

[업무용승용차 등록]

구분	내용
코드번호	700
차량번호	33보7310
차 종	쏘렌토
명의구분	회 사
사 용	사 용
기초주행거리	350km
보험가입여부	업무전용자동차보험(법인)
보험기간	2021.01.01. ‒ 2021.12.31

[고정자산 등록화면]

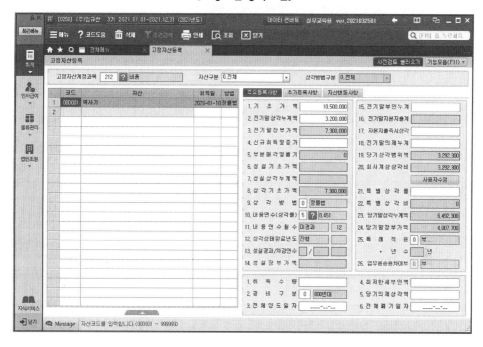

[업무용승용차 등록화면]

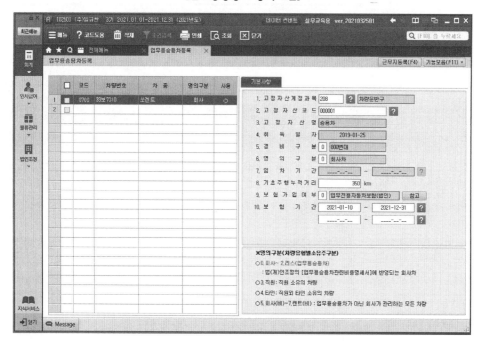

상품/재고관리

|제 5 장|

상품/재고관리

제1절　기준정보관리

　기준정보관리에는 환경설정, 회사등록, 부서/사원등록, 거래처등록, 창고등록, 품목등록, 품목초기이월로 구성되어 있으며, 이 중 창고등록과 품목등록만 추가 등록하여 사용하면 되고 나머지는 회계모듈에서 등록하였던 자료를 활용하면 된다.

창고입력 화면

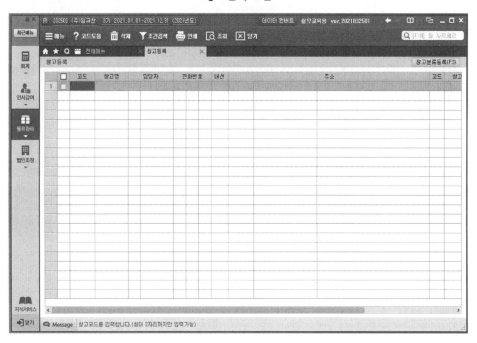

품목입력 화면

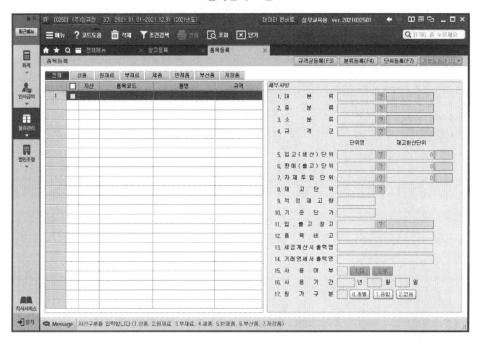

실습 자료 5-1

다음 자료는 (주)세광(코드 : 250)의 기준정보관리에 대한 자료이다. 자료를 보고 창고/품목 등록을 하여 보자.

품목코드	품목	규격	품목구분	단위	입출고창고	
					창고명	코드
K-001	타 이 어	Free	상품	개	물류창고	K
K-002	핸　들	Free	상품	개	물류창고	K
K-003	엔진오일	Free	상품	개	물류창고	K

창고등록 화면

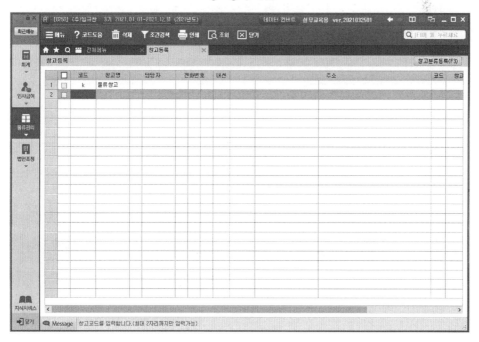

[품목등록 화면]

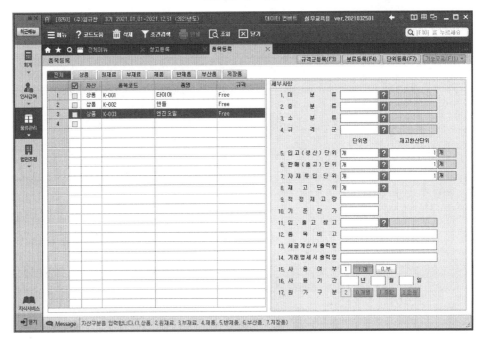

제2절 구매/판매관리

구매관리에는 입고입력, 발주서, 구매일(월)보, 품목별 구매현황, 거래처별 구매현황, 부서/사원별 구매현황으로 구성되어 있으며, 판매관리에는 출고입력, 수주서, 견적서, 판매일(월)보, 품목별 판매현황, 거래처별 판매현황, 부서/사원별 판매현황, 품모별 이익현황, 거래처별 이익현황으로 구성되어 있으며, 이 중 구매관리에서는 입고입력, 판매관리에서는 출고관리만 입력을 하고 나머지 항목은 조회의 기능으로 활용하면 된다.

입고입력 화면

출고입력 화면

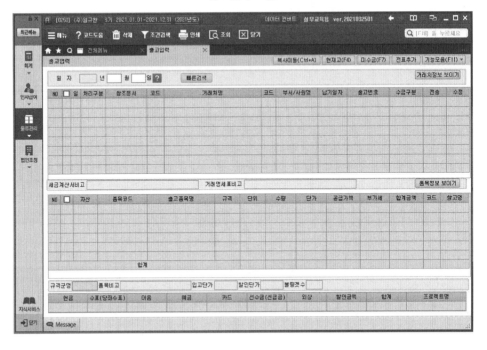

실습 자료 5-2

다음 자료는 (주)세광(코드: 250)의 거래내역을 보고 상품의 입출고관리를 해보자.

5월 3일 ㈜서울에서 다음 상품을 매입하고 전자세금계산서를 교부받다. 대금
은 외상으로 하다.

타 이 어	5,000개(단가 20,000원), 부가세 별도
핸 들	5,000개(단가 25,000원), 부가세 별도
엔진오일	5,000개(단가 13,000원), 부가세 별도

입고관리 등록 화면

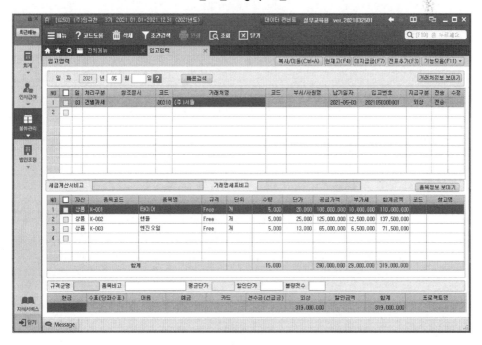

매입매출전표 전송화면

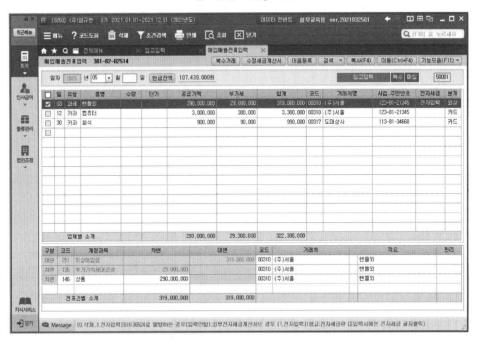

6월 8일 가경상사에서 다음 상품을 매입하고 전자세금계산서를 교부받다. 대금은 보통예금에서 이체하였다.

타이어 500개(단가 25,000원), 부가세 별도

입고관리 등록 화면

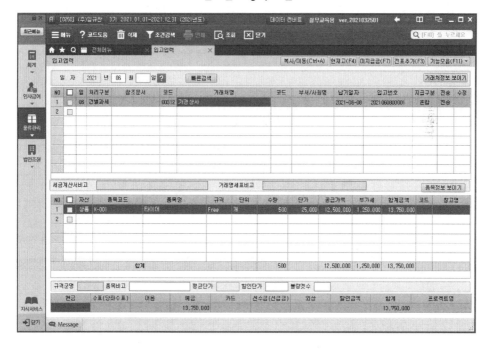

매입매출전표 전송화면

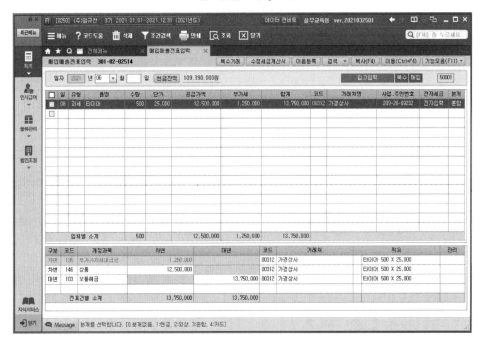

7월 11일 가경상사에서 다음 상품을 매입하고 전자세금계산서를 교부받다. 대금은 어음을 발행하여 지급하다.

엔진오일 500개(단가 15,000원), 부가세 별도

등록번호 나23500002

어음지급일 : 2021.10. 10, 지급지 : 우리은행,

발행인 : (주)세광

입고관리 등록 화면

매입매출전표 전송화면

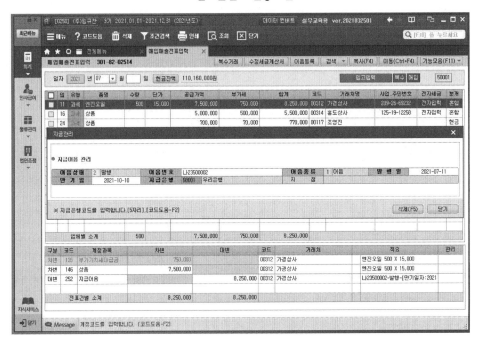

8월 15일 김포상사에 다음 상품을 매출하고 전자세금계산서를 발행하다.

타이어 3,000개(단가 50,000원), 부가세 별도 – 외상

핸 들 1,500개(단가 40,000원), 부가세 별도 – 동점수표

엔진오일 2,000개(단가 25,000원), 부가세 별도 – 현금

입고관리 등록 화면

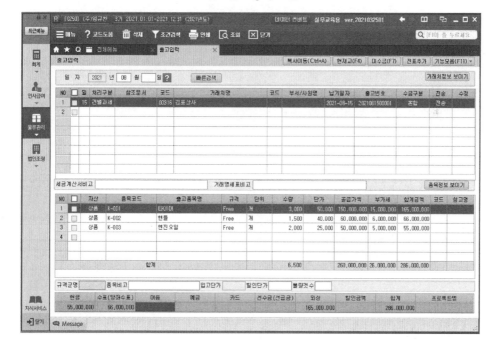

매입매출전표 전송화면

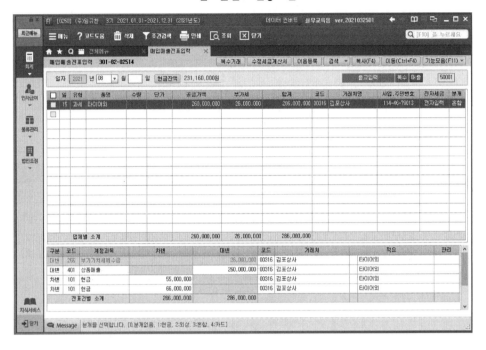

9월 20일 홍도상사에 다음 상품을 매출하고 전자세금계산서를 발행하다. 대금은 전자어음을 수취하다.

타이어 1,000개(단가 40,000원), 부가세 별도

입고관리 등록 화면

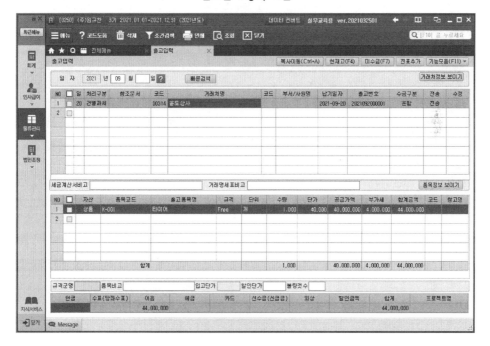

매입매출전표 전송화면

	일	유형	품명	수량	단가	공급가액	부가세	합계	코드	거래처명	사업.주민번호	전자세금	분개
	30	과세	타이어	1,000	40,000	40,000,000	4,000,000	44,000,000	00314	홍도상사	125-19-12258	전자입력	혼합
			업체별 소계	1,000		40,000,000	4,000,000	44,000,000					

구분	코드	계정과목	차변	대변	코드	거래처	적요	관리
대변	255	부가가치세예수금		4,000,000	00314	홍도상사	타이어 1,000 X 40,000	
대변	401	상품매출		40,000,000	00314	홍도상사	타이어 1,000 X 40,000	
차변	110	받을어음	44,000,000		00314	홍도상사	타이어 1,000 X 40,000	
		전표건별 소계	44,000,000	44,000,000				

Message 분개를 선택합니다. [0:분개없음, 1:현금, 2:외상, 3:혼합, 4:카드]

제3절 재고관리

재고관리는 재고수불부와 재고자산명세서로 구성되어 있으며 재고수불부에서
는 매출원가를 산정하기 위하여 기말재고량과 기말재고자산을 확정해야 한다. 재
고자산평가방법은 평균법과 선입선출법에 의하여 산정하면 된다. 또한 재고자산
명세서는 재고수불부를 마감하면 기말재고량을 조회할 수 있다. 재고수불부의 마
감과 재고자산명세서 조회는 결산에서 행하도록 한다.

재고수불부 입력화면

재고조사명세서 화면

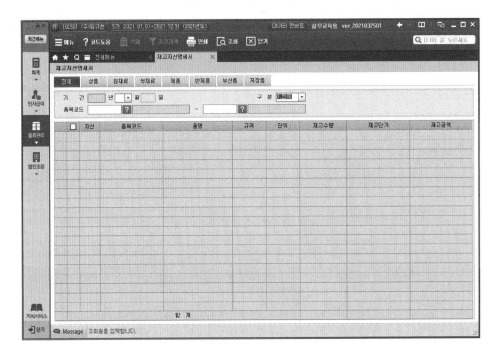

결산/재무제표

제 1 절 　결산자료 절차

제 2 절 　결산자료 입력

| 제 6 장 |

결산/재무제표

제1절 결산자료 절차

---

1. 결산개념

회계년도 말에 재무상태와 동 기간의 경영성과를 파악하고, 각종의 장부를 마감하는 절차를 의미한다.

2. 결산정리 사항

결산정리는 결산시점에서 여러 가지 사유로 장부상의 금액이 실제금액을 나타나지 못하게 되는데 이럴 경우 장부상의 금액을 실제금액으로 일치시키기 위해 각 계정잔액을 수정하는 과정을 의미한다. 결산정리 사항에는 재무상태표 항목의 정리와 손익계산서 항목의 정리로 구분된다.

1) 재무상태표 항목의 정리

① 재고자산의 정리   ② 채권의 대손충당금 설정
③ 유가증권의 평가   ④ 유형자산의 비용화 계상
⑤ 무형자산의 상각 수정   ⑥ 가지급금 · 가수금의 정리
⑦ 현금과부족의 발견 수정   ⑧ 소모품의 정리
⑨ 인출금의 정리(개인기업)

2) 손익계산서 항목의 정리

① 수익의 이연(선수수익)   ② 비용의 이연(선급비용)
③ 수익의 예상(미수수익)   ④ 비용의 예상(미지급비용)

제2절 결산자료 입력

전산회계운용에서는 결산방법으로 프로그램에 의한 자동결산과 일반전표입력과 동일하게 수정분개를 통하여 회기 종료일에 일반전표 입력메뉴에 입력하는 수동결산으로 구분된다.

(1) 수동결산

수동결산은 일반전표 입력과 동일하게 회기 종료일의 날짜에 수정분개를 통하여 일반전표 입력 메뉴에 입력을 하면된다. 수동에 의하여 정리할 사항은 다음과 같다.

① 선급비용의 계상	② 미수수익의 계상
③ 미지급비용의 계상	④ 선수금과 선급금의 정리
⑤ 가지급금의 정리	⑥ 부가세예수금과 대급금의 정리
⑦ 소모품의 정리	

(2) 자동결산

자동결산이란 전산회계프로그램에서 결산화면에 표시되는 결산정리 항목에 해당하는 금액만 입력하면 결산이 완료되는 방법으로 결산자료입력 메뉴에서 결산금액을 입력하면 된다. 자동결산에 의하여 정리할 사항은 다음과 같다.

① 재고자산정리	② 유형자산의 감가상각비 계상
③ 채권에 대한 대손상각비 계상	④ 퇴직급여충당금 설정
⑤ 법인세의 계상	⑥ 이익잉여금의 처분

⏱️ **실습 자료 6-1**

다음 자료는 (주)세광(코드: 250)의 기말결산정리사항이다. 이 자료를 입력하여 결산을 완료하여 보자.

01. 당기손익 공정가치측정금융자산의 신평가액이 ₩20,000,000이다.

> 12월 31일
> (차)당기손익−공정가치측정   360,000 (대) 당기손익−공정가치측정   360,000
>   금융자산   금융자산평가이익

02. 급여미지급분이 ₩1,600,000이 있다.

> 12월 31일
> (차)급 여   1,600,000 (대) 미지급비용   1,600,000

03. 광고선전비 미지급분 ₩900,000이 있다.

> 12월 31일
> (차)광고선전비   900,000 (대) 미지급비용   900,000

04. 법인세 등의 추산액 ₩1,640,000을 설정하다.

> 12월 31일
> (차)법인세등   1,640,000 (대) 미지급세금   1,610,000
>   선 납 세 금   30,000

수동결산자료 입력 화면

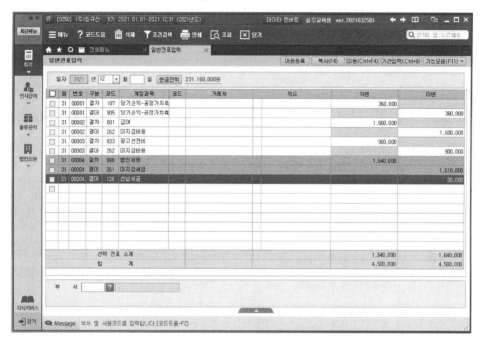

05. 기말상품재고액을 입력하고 결산처리 하라(재고자산평가방법은 선입선출법으로 한다).

[재고수불부 조회]-[상단 우측 기능모음]-[재고자산평가방법-선입선출법 선택]-[마감]-[재고조사명세서-기말재고액 확인]-[결산자료입력]

마감방법 화면

마감 ✕

마감선택

○ 마감   ○ 마감취소   ◉ 일괄마감   ○ 일괄마감취소

출고단가마감

☐ 단가 마감 선택

○ 수량+단가   ◉ 수량

- 수량

  마감시 입고단가를 출고단가에 부여하지 않고, 수량만을
  마감하는 경우에만 선택합니다.

- 수량+단가(선입선출법)

  마감시 입고단가 중 "0"의 값이 있을경우 선택합니다.

● **기말재고액 결정방법**

총평균법, 이동평균법

○ 기말재고액 = 기말재고수량×산출단가

◉ 기말재고액 = 기초재고액 + 당기입고금액-당기출고금액

선입선출법

◉ 기말재고액 = 기말재고수량×산출단가

○ 기말재고액 = 기초재고액 + 당기입고금액-당기출고금액

(-)입고 마감처리방법

◉ 입력순

○ (-)우선차감

확인(Enter)   취소(Esc)

재고수불부 마감 화면

재고조사명세서 조회화면

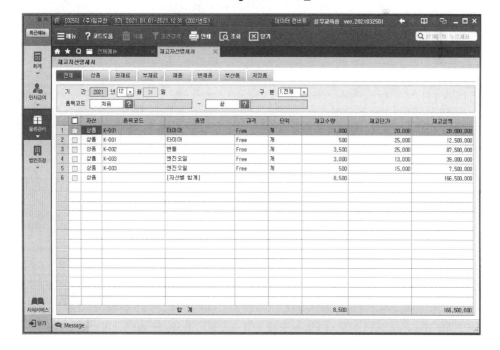

재고자산 결산반영 화면

과 목	결산분개금액	결산입력사항금액	결산금액(합계)
1. 매출액			395,700,000
상품매출		395,700,000	
2. 매출원가			189,040,000
상품매출원가		189,040,000	189,040,000
(1). 기초 상품 재고액		28,000,000	
(2). 당기 상품 매입액		330,000,000	
(4). 매 입 할 인		-40,000	
(7). 타계정으로 대체액		2,500,000	
(10).기말 상품 재고액		166,500,000	
3. 매출총이익			206,660,000
4. 판매비와 일반관리비			11,327,000
1). 급여 외		11,327,000	
급여	1,600,000	1,600,000	
복리후생비		900,000	
접대비		7,927,000	
광고선전비	900,000	900,000	
2). 퇴직급여(전입액)			
3). 퇴직연금충당금전입액			
4). 감가상각비			
건물			
기계장치			

매출액 :[395,700,000] 당기순이익 :[192,133,000] 소득률률 :48.55%

Message 중단사업손익을 계상하기 전의 계산내역입니다.

06. 받을어음과 외상매출금에 대하여 1%의 대손을 추정하다.

외상매출금 잔액 : 239,050,000원 × 1% = 2,390,500원

받을어음 잔액 : 44,000,000원 × 1% = 440,000 − 300,000(기설정액) = 140,000원

매출채권 결산반영 화면

과	목	결산분개금액	결산입력사항금액	결산금액(합계)
4). 감가상각비				
	건물			
	기계장치			
	차량운반구			
	비품			
	건설중인자산			
5). 대손상각			2,530,500	2,530,500
	외상매출금		2,390,500	
	받을어음		140,000	
5. 영업이익				192,802,500
6. 영업외 수익				1,460,000
1). 이자수익외				1,460,000
	이자수익		300,000	
	당기손익-공정가치측정금융자산평가이익		360,000	
	유형자산처분이익		800,000	
3). 충당금등환입액				
7. 영업외 비용				3,020,000
1). 이자비용외				3,020,000
	매출채권처분손실		320,000	
	재해손실		2,500,000	
	수수료비용		200,000	

매출액:[395,700,000] 당기순이익 :[109,602,500] 소득률율 :47.91%

Message 중단사업손익을 계산하기 전의 계산내역입니다.

07. 퇴직급여충당부채 설정액은 ₩2,000,000이다.

퇴직급여충당부태 결산반영 화면

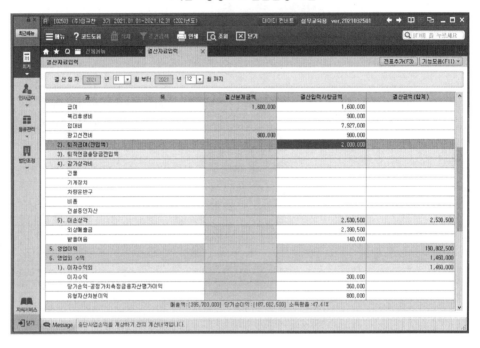

08. 유형자산에 대한 감가상각비를 계상하다.

[고정자산등록]-[원가경비감가상각]-[자산별 당기분삭각액 조회]

건　　　　물 : 10,000,000원

기 계 장 치 : 2,706,000원

차량운반구 : 11,498,245원

비　　　　품 : 3,292,300원

당기분 감가상각비 조회화면

감가상각비 결산반영 화면

결산자료 일반전표 반영화면

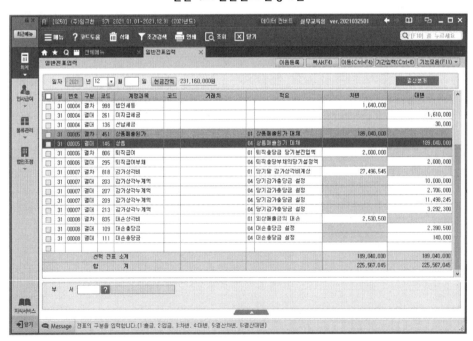

장부의 조회

| 제 7 장 |
장부의 조회

제 1 절 　제장부의 조회

　제장부의 조회는 전산회계운용프로그램의 전표입력/장부상에 있는 일/월계표, 계정별원장, 거래처별원장, 분개장, 총계정원장, 현금출납장, 매입매출장, 받을어음현황, 지급어음현황에 기록된 내용을 조회하여 의사결정에 활용하는 방법이다.

실습 자료 7-1

㈜세광(회사코드: 250)의 다음 사항을 조회하여 보자.

01. 10월 20일 발생한 판매비와 관리비 항목의 계정과목과 금액은 얼마인가?

일계표조회: 접대비, 7,700,000원

일계표조회 화면

02. 8월의 총 제품매출액은 얼마인가?

월계표조회: 260,000,000원

월계표조회 화면

03. 5월 31일 현재 미지급금잔액은 얼마인가?

계정별원장조회: 68,517,000원

계정별원장조회 화면

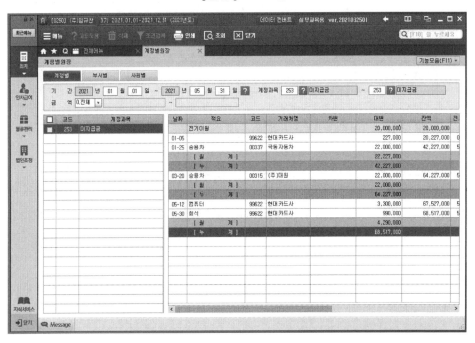

04. 10월 31일 현재 김포상사의 외상매출금잔액은 얼마인가?

거래처별원장조회: 214,000,000원

거래처별원장조회 화면

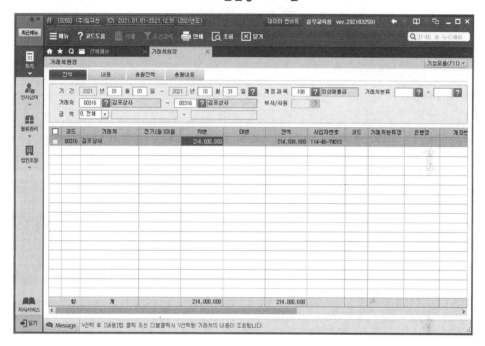

05. 제 1기 부가가치세 예정신고기간에 발생한 불공제 매입세금계산서의 공급가액 과 부가가치세는 각각 얼마인가?

부가가치세신고서조회: 공급가액 47,000,000원, 세액 4,700,000원

부가가치세신고서조회 화면

제2절 재무제표의 조회

재무제표의 조회는 전산회계운용프로그램의 결산/재무제표상에 있는 합계잔액
시산표, 재무상태표, 손익계산서, K-IFRS 재무제표에 기록된 내용을 조회하여 의
사결정에 활용하는 방법이다.

실습 자료 7-2

㈜세광(회사코드 : 250)의 다음 사항을 조회하여 보자.

01. 12월말 현재 유동자산비율은 전기대비 몇 % 증감하였는가?

재무상태표조회: 당기 유동비율 74,78%, 전기 유동비율 47.28%, 27.58%증가

재무상태표조회 화면

02. 당기의 영업이익률은 얼마인가?

손익계산서조회: 당기 영업이익률 41.27%

손익계산서조회 화면

과목	제 3(당)기 [2021/01/01 ~ 2021/12/31]		제 2(전)기 [2020/01/01 ~ 2020/12/31]	
	금액	비율	금액	비율
세 금 과 공 과	0		1,653,000	
감 가 상 각 비	27,496,545		2,858,500	
임 차 료	0		4,000,000	
수 선 비	0		650,000	
보 험 료	0		2,645,800	
차 량 유 지 비	0		6,580,000	
운 반 비	0		950,000	
도 서 인 쇄 비	0		770,000	
소 모 품 비	0		3,854,200	
수 수 료 비 용	0		1,200,000	
광 고 선 전 비	900,000		0	
대 손 상 각 비	2,530,500		0	
잡 비	0		525,000	
V. 영 업 이 익	163,305,955	41.27	10,550,000	2.98
VI. 영 업 외 수 익	1,460,000	0.37	0	0.00
이 자 수 익	300,000		0	
당기손익-공정가치측정금융자산평가이익	360,000		0	
유 형 자 산 처 분 이 익	800,000		0	
VII. 영 업 외 비 용	3,020,000	0.76	0	0.00
매 출 채 권 처 분 손 실	320,000		0	

03. 4/4분기 현재 한국채택국제회계기준(K-IFRS)에 의한 포괄손익계산서상의 매출액순이익률은 얼마인가?

K-IFRS 초괄손익계산서조회: 당기 매출액순이익률 40.46%

K-IFRS 초괄손익계산서조회 화면

원가회계

| 제 8 장 |

원가회계

제 1 절 　기초자료

　지금까지는 전산회계운용프로그램의 재무회계분야에서는 상품매매업을 주 대상으로 하였다. 그러나 원가회계분야에서는 제조업을 대상으로 하기 때문에 실습 및 회계처리를 위해서는 제조업의 기초자료를 등록해야 한다. 제조업의 기초 자료로는 기초제조원가명세서, 일반전표, 매입매출전표, 부서/사원등록, 창고등록, 품목등록하고 이를 기초로 제조업의 입출고관리 및 원가관리를 처리해야 한다.

실습 자료 8-1

다음은 (주)세광(코드: 250)의 전기분 원가명세서이다. 자료를 보고 입력 해 보자.

제 조 원 가 명 세 서

제 2기 2020년 1일 1일부터 2018년 12월 31일까지

회사명: (주)세광 (단위: 원)

과 목	금 액	
Ⅰ. 원 재 료 비		105,265,000
기초원재료재고액	0	
당기원재료매입액	105,265,000	
기말원재료재고액	0	
Ⅱ. 노 무 비		33,500,000
임 금	33,500,000	
Ⅲ. 경 비		111,080,800
접 대 비	15,852,500	
가 스 수 도 료	1,882,000	
전 력 비	18,074,000	
세 금 과 공 과 금	1,085,000	
감 가 상 각 비	2,660,000	
수 선 비	1,250,000	
보 험 료	968,500	
차 량 유 지 비	18,953,000	
소 모 품 비	5,750,000	
외 주 가 공 비	38,950,000	
Ⅳ. 당기 총 제조비용		249,845,800
Ⅴ. 기초재공품재고액		0
Ⅵ. 합 계		249,845,800
Ⅶ. 기말재공품재고액		0
Ⅷ. 당기제품제조원가		249,845,800

제조원가명세서 등록 화면

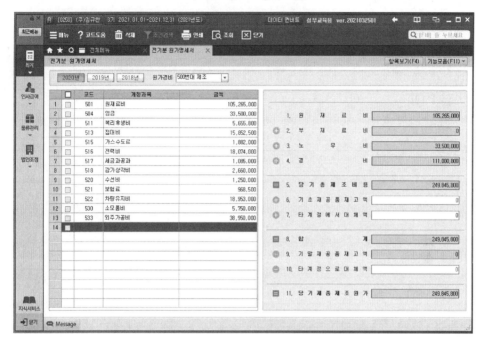

실습 자료 8-2

다음은 (주)세광(코드: 250)의 거래내역이다. 일반전표에 입력 해 보자.

3월 10일 생산1부 종업원 식대 ₩5,000,000을 현금으로 지급하다.

3월 10일

(차) 복리후생비   5,000,000 (대) 현   금   5,000,000

3월 11일 동력부의 소모자재대 ₩1,2000,000을 현금으로 구입하다.

3월 11일

(차) 소모품비   1,200,000 (대) 현   금   1,200,000

3월 12일 생산2부 트럭에 대하여 서울주유소에서 휘발유 ₩200,000을 주유하고
       현금으로 지급하다.

3월 12일

(차) 차량유지비   200,000 (대) 현   금   200,000

3월 14일 우암공업사에서 생산2부 트럭을 수리하고 수리비 ₩1,800,000을 현금
       으로 지급하다.

3월 14일

(차) 차량유지비   1,800,000 (대) 현   금   1,800,000

3월 20일 수선부의 난방용 난로에 필요한 유류를 구입하고 현금 ₩2,000,000을
       지급하다.

3월 20일

(차) 가스수도료   2,000,000 (대) 현   금   2,200,000

3월 20일 생산1부 대한 전기요금 ₩5,250,000을 현금으로 지급하다.

3월 20일

(차) 전력비   5,250,000 (대) 현   금   5,250,000

3월 20일 동력부 대한 전기요금 ₩3,250,000을 현금으로 지급하다.

3월 20일

(차) 전력비   3,250,000 (대) 현   금   3,250,000

3월 28일 종업원의 3월분 급여를 다음과 같이 당사 보통예금계좌에서 종업원의
예금계좌로 이체하여 지급하였다.

(단위: 원)

구분	급여총액	소득세 등	의료보험	공제 계	차감지급액
생산1부	40,000,000	200,000	200,000	400,000	39,600,000
생산2부	30,000,000	150,000	150,000	300,000	29,700,000
동력부	15,000,000	75,000	75,000	150,000	14,850,000
수선부	10,000,000	50,000	50,000	100,000	9,900,000
합계	95,000,000			950,000	94,050,000

3월 28일

(차)임 금	40,000,000	(대) 보통예금	94,050,000
임 금	30,000,000	예 수 금	950,000
임 금	15,000,000		
임 금	10,000,000		

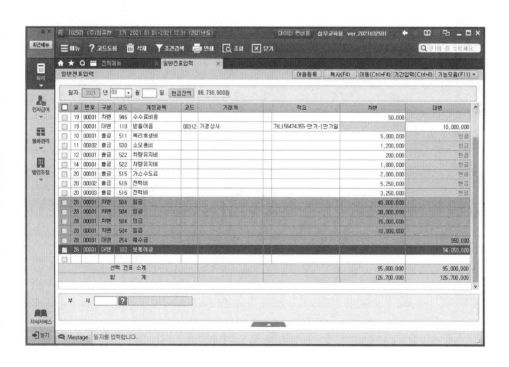

실습 자료 8-3

다음 자료는 (주)세광(코드 : 250)의 거래내역이다. 구매관리에 입력해 보자.

3월 1일 ㈜서울에서 다음 원재료를 매입하고 전자세금계산서를 교부받다. 대
금은 외상으로 하다.

> 원재료 A 5,000kg(단가 20,000원), 부가세 별도
> 원재료 B 5,000kg(단가 25,000원), 부가세 별도

입고관리 등록 화면

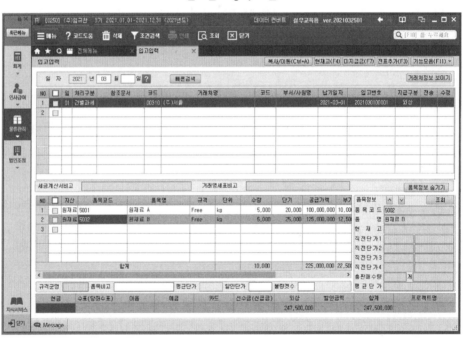

매입매출전표 전송화면

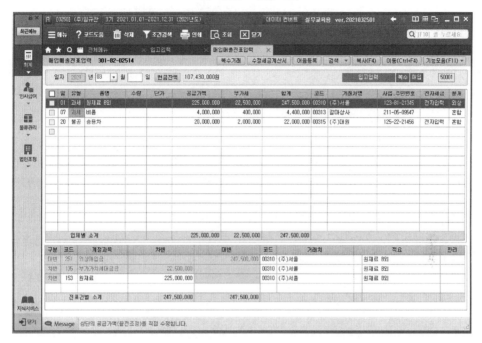

6월 2일 가경상사에서 다음 원재료를 매입하고 전자세금계산서를 교부받다.
대금은 보통예금에서 이체하였다.

원재료 A 500개(단가 25,000원), 부가세 별도

입고관리 등록 화면

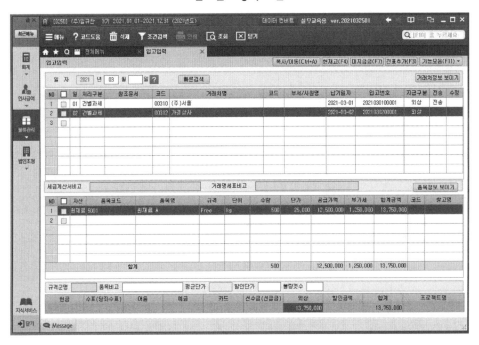

매입매출전표 전송화면

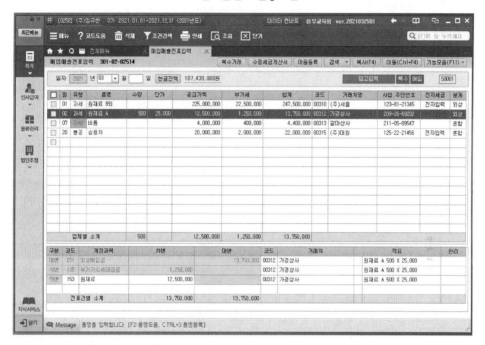

실습 자료 8-4

다음 자료는 (주)세광(코드: 250)의 기준정보관리에 대한 자료이다. 자료를 보고 부서/사원 등록을 하여 보자.

코드	부서명	부서구분	참조부서	제조/판관	부문구분	사용
21	생산1부	부서		제조	직접	여
22	생산2부	부서		제조	직접	여
31	동력부	부서		제조	직접	여
32	수선부	부서		제조	직접	여
51	제1작업장	작업장	생산1부	제조	간접	여
52	제2작업장	작업장	생산2부	제조	간접	여

작업장등록 화면

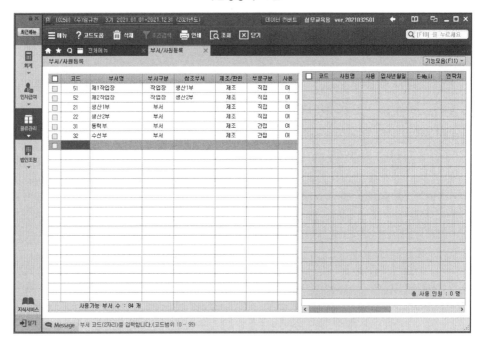

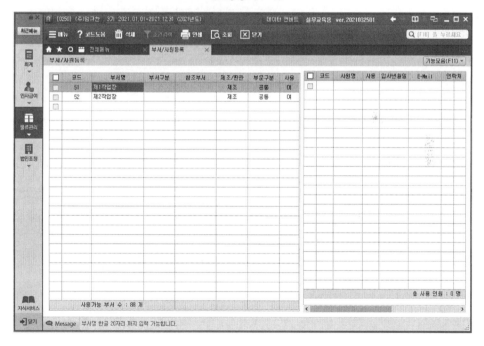

실습 자료 8-5

다음 자료는 (주)세광(코드: 250)의 기준정보관리에 대한 자료이다. 자료를 보고 창고/품목 등록을 하여 보자.

품목코드	품목	규격	품목구분	단위	작업장등록	
					작업장명	코드
H-001	A 제품	Free	제품	개	제1작업장	51
H-002	B 제품	Free	제품	개	제2작업장	52
5001	원재료 A	Free	원재료	kg	제1작업장	51
5002	원재료 B	Free	원재료	kg	제2작업장	52

작업장등록 화면

품목등록 화면

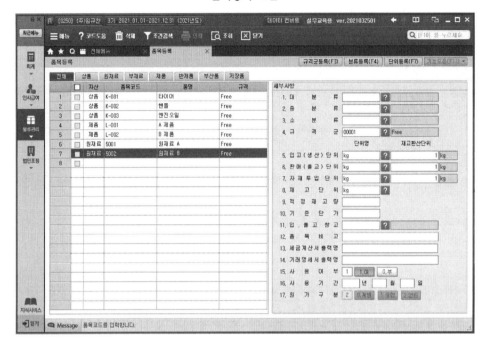

제2절 생산관리

    생산관리의 구성은 생산(작업)지시서, 자재출고입력, 생산입고입력, 생산(일)월보 입력, 생산(작업)지시서 처리현황, 제품별생산현황, 제품별자재투입현황, 자재출고 현황 등으로 구성되어 있으며, 이 중 생산(작업)지시서, 자재출고입력, 생산입고입 력 메뉴를 입력하면 다른 메뉴들은 조회기능을 활용하여 조회할 수 있다.

실습 자료 8-6

다음은 (주)세광(코드: 250)의 작업지시서 내용이다. 전산회계운용프로그램을 이용하여 자료를 입력해 보자.

3월 6일 다음의 작업지시서를 발행하고, 같은 날 주요자재를 출고한다.

1) 작업지시서 내용

지시일자	제품명	작업장	작업지시량	작업기간
3월 6일	A 제품	제1작업장	700kg	3월6일 ~ 3월31일
3월 6일	B 제품	제2작업장	450kg	3월6일 ~ 4월3일

2) 자재사용(출고)등록

① A 제품 작업지시서 : 원재료 A   700kg(제1작업장)

② B 제품 작업지시서 : 원재료 B   500kg(제2작업장)

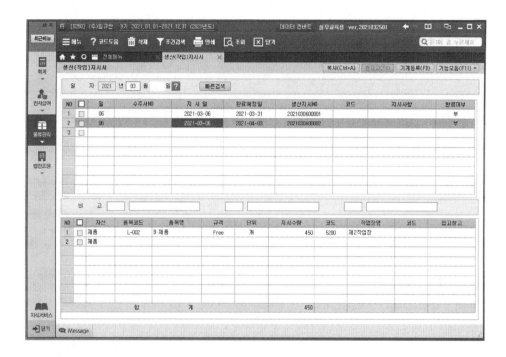

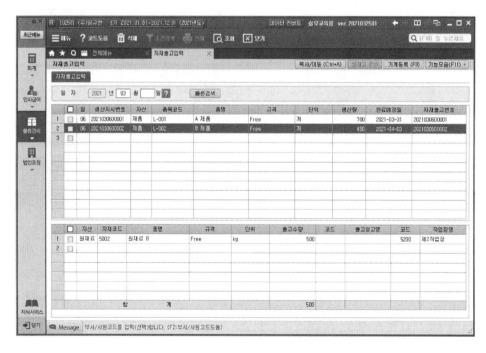

3월 31일 다음의 작업지시서(3월 6일 발행)에 대해 다음과 같이 생산자료를 능복하다.

품 목	완성량 (단위 : kg)	재공품		작업(투입)시간	작업장
		월말수량(kg)	완성도		
A 제품	700	–	–	400	제1작업장
B 제품	300	150	75%	300	제2작업장

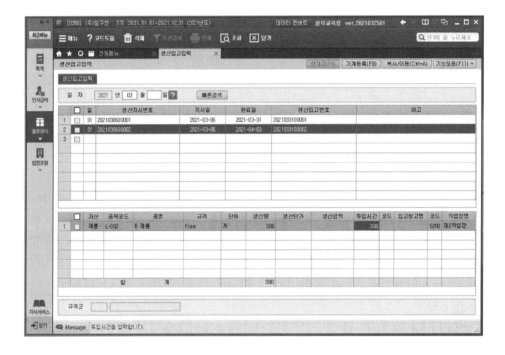

제3절 원가관리

　원가관리의 구성은 원가기준정보(배부기준등록, 작업진행률 등록), 원가계산(기초재공품, 직적재료비계산, 직접노무비계산, 제조간접비계산(부문별), 제조간접비계산(보조부문), 제조간접비계산(제조부문), 완성품원가조회, 결산자료입력, 제조원가명세서, 순익계산서, 재무상태표로 구성되어 있다.

　전산회계운용 2급 실기는 재무회계분야와 원가회계분야로 구성되어 있으며, 이미 이론적으로 회계원리와 원가회계과정을 이해했을 것으로 사료되어 실기부분에서는 전산회계운용프로그램으로 회계처리하는 과정위주로 설명하고자 하여, 원가회계 이론부분은 별도로 설명하지 않고 생략하였다. 원가회계부분은 요소별원가계산(직접재료비, 직접노무비, 제조간접비 배부), 부문별원가계산(보조부문원가를 제조부분에 배부하는 과정 : 직접배부법, 단계배부법, 상호배부법), 제품별원가계산(개별원가계산, 종합원가계산)의 절차를 이해하면 될 것이다.

실습 자료 8-7

다음은 (주)세광(코드: 250)의 다음의 내용을 전산회계운용프로그램을 이용하여 자료를 입력해 보자.

01. 3월의 원가기준정보를 다음과 같이 등록하여라.

1) 노무비배부기준등록(총근무시간)

관련부문	생산 1 부	생산 2 부
총근무시간	500	400

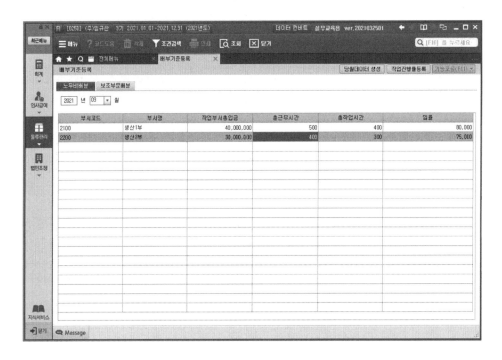

2) 보조부문배부기준등록

관련부문	생산 1 부	생산 2 부
동력부	40	60
수선부	60	40

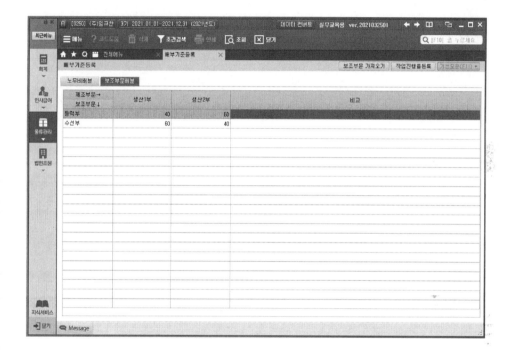

3) 작업진행률 등록(B 제품 : 75%)

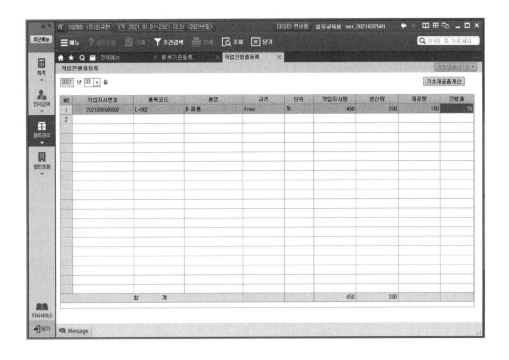

02. 3월의 다음을 계산하여라(원가계산방법 : 실제원가계산)

1) 기초재공품재고액	2) 직접재료비계산
3) 직접노무비계산	4) 제조간접비계산
5) 보조부문비배부	6) 제조간접비배부(작업시간기준)
7) 계별원가계산	8) 종합원가계산(평균법)

1) 기초재공품재고액

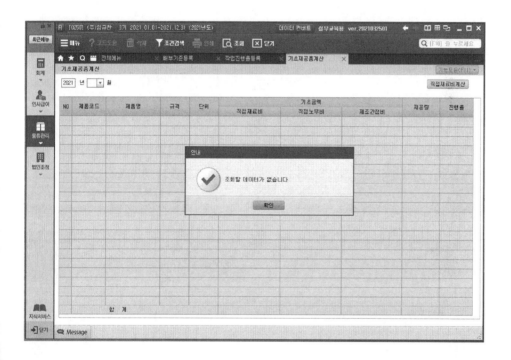

2) 직접재료비계산

[재고수불부마감]

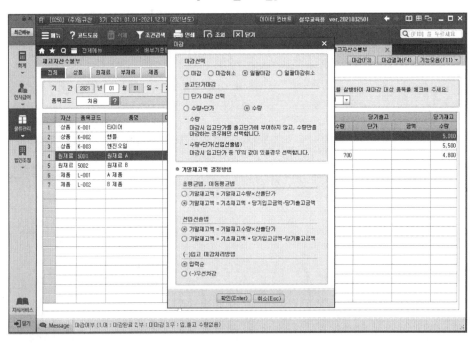

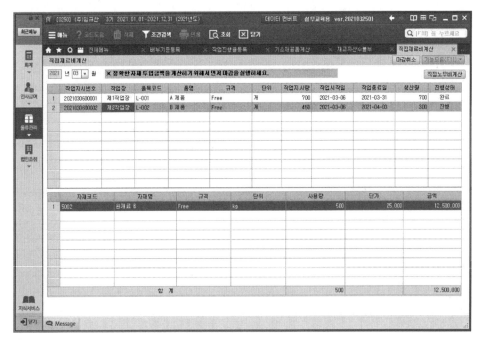

3) 직접노무비계산

4) 제조간접비계산

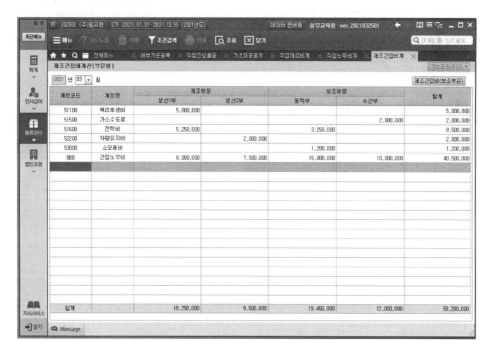

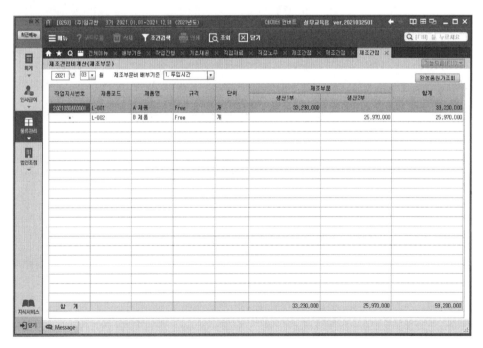

5) 완성품원가조회

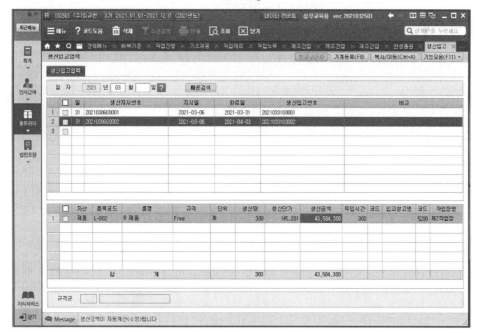

원가반영

03. 3월의 원가계산 마감 후 제조원가명세서를 조회하여라.

원가설정

기말재고자산반영

제조원가명세서 조회

과 목	제 3 (당)기 [2021/01/01 - 2021/03/31] 금 액	제 2 (전)기 [2020/01/01 - 2020/12/31] 금 액
Ⅱ. 노　　무　　비	95,000,000	33,500,000
임　　　　　금	95,000,000	33,500,000
Ⅲ. 경　　　　　비	18,700,000	111,080,800
복 리 후 생 비	5,000,000	5,655,800
접　　대　　비	0	15,852,500
가 스 수 도 료	2,000,000	1,882,000
전　　력　　비	8,500,000	18,074,000
세 금 과 공 과	0	1,085,000
감 가 상 각 비	0	2,660,000
수　　선　　비	0	1,250,000
보　　험　　료	0	968,500
차 량 유 지 비	2,000,000	18,953,000
소 모 품 비	1,200,000	5,750,000
외 주 가 공 비	0	38,950,000
Ⅳ. 당 기 총 제 조 비 용	140,200,000	249,845,800
Ⅴ. 기 초 재 공 품 재 고 액	0	0
Ⅵ. 합　　　　　계	140,200,000	249,845,800
Ⅶ. 기 말 재 공 품 재 고 액	17,385,758	0
Ⅷ. 타 계 정 으 로 대 체 액	0	0
Ⅸ. 당 기 제 품 제 조 원 가	122,814,242	249,845,800

기출문제

기출문제

이론 시험

1과목 : 재무회계

01. 사무용 소모품 등 금액이 크지 않은 것에 대하여 자산계상 또는 구입즉시 비용으로 처리할 수도 있다. 이렇게 회계처리할 수 있는 근거는 재무정보의 질적특성 중 어디에 해당하는가?

① 중요성   ② 수익비용대응

③ 계속성   ④ 비교가능성

02. 다음 회계정보의 순환과정과 관련된 내용 중 옳지 않은 것은?

① 거래의 인식에서부터 출발하여, 분개, 전기, 결산 등의 과정을 통해 재무제표가 작성된다.

② 거래의 이중성이란 모든 거래는 자산/부채/자본에 변화를 초래하는 원인과 결과라는 두 가지 속성이 함께 포함되어 있다는 것을 의미한다.

③ 분개란 거래를 인식해서 기록하는 것을 말하며 모든 회계정보 생산의 기초가 된다.

④ 전기절차는 계정과목결정, 금액결정, 차/대변결정 등의 순서로 이루어진다.

3. 다음 중 포괄손익계산서의 기타포괄손익의 구성요소에 해당하지 않는 것은?

① 재평가이익

② 기타포괄손익-공정가치측정 금융자산 평가손익

③ 해외사업장의 재무제표 환산으로 인한 손익

④ 투자부동산평가손익

04. 다음은 포괄손익계산서의 비용을 기능별로 분류한 것이다. (가)에 해당하는 비용 계정으로 옳은 것은?

매출원가
(가)
관리비
기타비용
금융비용

① 기부금   ② 임차료   ③ 이자비용   ④ 광고선전비

05. 다음의 회계 자료를 보고, 재무상태표에 현금및현금성자산으로 보고하는 금액을 계산하시오.

가. 부도수표	₩710,000
나. 가계수표	₩350,000
다. 자기앞수표	₩500,000
라. 우편환증서	₩300,000
마. 타인발행 당좌수표	₩500,000
바. 취득 시 만기 3개월 이내의 채권	₩100,000
사. 만기 1년 이내의 정기예금	₩200,000
아. 만기 1년 이내의 양도성 예금증서	₩130,000

① ₩1,650,000   ② ₩1,750,000

③ ₩1,880,000   ④ ₩2,590,000

06. 은행계정조정표는 회사잔액과 은행잔액이 불일치하는 경우 불일치한 원인을 조사하여 잔액을 일치시키는 표를 말한다. 다음의 원인으로 회사잔액과 은행잔액 간 불일치가 발생했다고 가정할 때, 회사측 장부를 조정(수정분개)해야 할 사항이 아닌 것은?

① 기발행 미인도당좌수표
② 기발행 미인출당좌수표
③ 은행수수료 및 이자비용
④ 회사미통지 추심어음

07. 다음은 금융부채에 대한 설명이다. 이에 해당하는 계정과목으로 옳지 않은 것은?

거래상대방에게 현금 등 금융자산으로 인도하기로 한 계약상의 의무

① 미지급금　　　② 선수수익　　　③ 매입채무　　　④ 단기차입금

08. 다음은 ㈜상공의 매출채권 대손과 관련된 거래이다. 결산 후 포괄손익계산서에 표시될 대손상각비는 얼마인가? (단, 결산일은 12월 31일이다.)

1월　1일 대손충당금 잔액 ￦1,000
10월 15일 서울상회의 매출채권 ￦1,500이 회수 불능 되어 대손처리하다.
12월 31일 매출채권 ￦100,000에 대하여 2% 대손을 예상하다.

① ￦1,500　　　② ￦2,000　　　③ ￦2,500　　　④ ￦30,000

09. (주)상공은 20×1년 초에 장기적인 임대수익을 얻을 목적으로 건물을 ￦400,000에 구입하였다. 동 건물의 내용연수 10년이고, 잔존가치는 없다. 감가상각은 정액법으로 한다. 20×1년 12월 31일과 20×2년 12월 31일 현재의 공정가치는 각각 720,000원과 600,000원이다. 동 건물에 대하여 원가모형을 적용할 경우 20×2년도 당기손익에 영향을 미치는 금액은 얼마인가?

① 80,000원　　　② 60,000원　　　③ 40,000원　　　④ 20,000원

10. 다음은 (주)상공이 투자부동산으로 분류하여 보유하고 있는 건물에 대한 자료이다. (주)상공의 20×1년 당기손익에 미치는 영향으로 옳은 것은? (단, 회계기간은 20×1년 1월 1일~12월 31일이며, 법인세 비용은 고려하지 않는다.)

> • 취득일 : 20×1년 7월 1일
> • 취득원가 : ₩4,000,000
> • 감가상각방법 : 정액법
> • 평가방법 : 공정가치모형
> • 내용연수 : 20년
> • 잔존가치 : ₩400,000
> • 20×1년 12월 31일 공정가치 : ₩4,200,000

① 손실 ₩90,000   ② 손실 ₩200,000

③ 이익 ₩90,000   ④ 이익 ₩200,000

11. (주)상공은 20X1년 10월 1일 상품판매대금으로 3개월 만기 이자부약속어음 ₩5,000,000(연이자율 10%)을 받았다. 회사는 이 약속어음을 1개월간 보유한 후 거래은행에 연 15%의 할인율로 할인하고 할인료를 제외한 금액을 현금으로 수령하였다. 현금 수령액은 얼마인가? (단, 이자 및 할인료 계산은 월할계산한다.)

① ₩4,696,125   ② ₩4,796,875

③ ₩4,896,125   ④ ₩4,996,875

12. 다음 유형자산에 대한 지출 중 해당 유형자산의 취득원가에 가산되지 않는 것은?

① 생산성을 향상시키기 위한 지출

② 기존의 건물을 증설하기 위한 지출

③ 기계장치의 단순한 수선을 위한 지출

④ 내용연수를 상당히 연장시키기 위한 지출

13. 다음 자료에 의하여 결산 시 차변의 계정과목으로 맞는 것은? (단, 보충법으로 회계처리한다)

> • 매출채권 잔액 ₩40,000,000
> • 대손충당금 잔액 ₩100,000
> • 결산 때 매출채권의 1%을 대손충당금으로 설정하다.

① 대손상각비   ② 감가상각비   ③ 소모품비   ④ 퇴직급여

14. 다음 거래에 대한 날짜 별 분개 중에서 틀린 것은?

> 가. 12월 15일 : 직원 출장 시 출장비를 대략 계산하여 ₩200,000을 현금 지급하다.
> 나. 12월 20일 : 출장지에서 직원이 원인불명의 금액 ₩150,000을 송금해 왔다.
> 다. 12월 25일 : 출장이 끝난 후 직원의 출장비 정산 결과 ₩50,000 현금을 추가 지급했다.
> 라. 12월 26일 : 원인불명의 송금액은 매출채권을 회수한 것으로 판명되었다.

① 12월 15일 (차) 가지급금 200,000 (대) 현 금 200,000
② 12월 20일 (차) 보통예금 150,000 (대) 가 수 금 150,000
③ 12월 25일 (차) 출 장 비 50,000 (대) 현 금 50,000
④ 12월 26일 (차) 가 수 금 150,000 (대) 매출채권 150,000

15. (주)대망은 20X1년 8월 5일에 발생한 화재로 인하여 모든 재고자산이 소실되었다. 20X1년 1월 1일부터 8월 5일까지의 확인된 자료는 다음과 같다. 매출총이익률이 30%라면 화재로 인해 소실된 재고자산은 얼마인가?

> 가. 1월 1일 기초재고자산   ₩300,000
> 나. 8월 5일까지의 순매출액   ₩2,000,000
> 다. 8월 5일까지의 총매입액   ₩1,500,000
> 라. 8월 5일까지의 매입환출액   ₩20,000

① ₩200,000   ② ₩280,000   ③ ₩300,000   ④ ₩380,000

16. 다음 중 부채에 해당 하지 않는 것은?

① 선수금   ② 선급금   ③ 선수수익   ④ 유동성장기부채

17. 다음에서 설명하는 자산의 종류에 해당하는 것은?

> 구체적인 존재 형태는 가지고 있지 않지만 사실상의 가치 및 법률상의 권리를
> 가지고 있는 것과 미래에 기업의 수익 창출에 기여할 것으로 예상되는 비화폐
> 성 자산을 말한다.

① 토지   ② 영업권   ③ 투자부동산   ④ 건설중인자산

18. 다음 사항과 관련한 설명이다. 올바른 것은?

> (주)강동은 100주(액면@₩5,000)를 1주당 ₩4,000에 할인발행하였으며, 신주
> 의 발행비용으로 ₩5,000이 소요 되었다.

① 신주발행비 ₩5,000은 손익계산서 항목이다.
② (주)강동의 자본금계정은 ₩400,000이 증가되었다.
③ (주)강동의 자본금계정은 ₩500,000이 증가되었다.
④ (주)강동은 ₩100,000의 주식할인발행차금이 발생하였다.

19. 위탁판매의 경우 위탁자가 수익을 인식하는 시점으로 옳은 것은?

① 수탁자가 위탁품을 고객에게 판매하면, 위탁자는 관련 수익을 인식할 수
  있다.
② 위탁자와 수탁자가 위탁계약을 체결하면, 위탁자는 관련수익을 인식할 수
  있다.
③ 위탁자가 위탁품을 수탁자에게 배송하면, 위탁자는 관련수익을 인식할 수
  있다.
④ 수탁자가 위탁자로부터 위탁품을 수령하면, 위탁자는 관련수익을 인식할
  수 있다.

20. 수익인식의 5단계와 관련된 다음의 설명 중 옳지 않은 것은?

① 1단계로 수행할 절차는 고객과의 계약을 식별하는 것이다.

② 2단계로 수행할 절차는 기업이 고객에게 수행할 의무를 식별하는 것이다. 하나의 계약에 하나의 수행의무가 포함되어야 한다. 즉, 하나의 계약에 여러 수행의무가 포함될 수는 없다.

③ 3단계로 수행할 절차는 거래가격을 산정하는 것이다. 거래가격은 고객이 지급하는 고정된 금액일 수도 있으나, 어떤 경우에는 변동대가를 포함할 수도 있다.

④ 4단계로 수행할 절차는 거래가격을 수행의무에 배분하는 것이다. 개별 판매가격을 관측할 수 없다면 이를 추정해서 수행의무에 배분해야 한다.

2과목 : 원가관리회계

21. 다음 중 원가회계의 목적이 아닌 것은?

① 원가의 관리와 통제의 목적
② 성과의 측정과 평가를 위한 정보의 제공
③ 기업의 잠재적 투자가치평가 및 기업실제가치 측정에 필요한 정보제공
④ 제품원가의 계산

22. 다음 중 혼합원가에 대한 설명으로 올바른 것은?

① 조업도가 0인 상태에서는 원가가 0이나, 조업도가 증가하면 총원가가 증가하는 행태를 보인다.
② 조업도가 0인 상태에서도 일정한 원가가 발생하며, 조업도가 증가하면 총원가가 증가하는 행태를 보인다.
③ 조업도가 0인 상태에서는 원가가 0이나, 조업도가 증가하면 단위당 원가가 증가하는 행태를 보인다.
④ 조업도가 0인 상태에서도 일정한 원가가 발생하며, 조업도가 증가하면 단위당원가가 증가하는 행태를 보인다.

23. 보조부문원가를 제조부문에 배부하는 방법에 대한 설명으로 옳지 않은 것은?

① 직접배부법은 보조부문원가를 다른 보조부문에는 배분하지 않고 제조부문에만 배분하는 방법이다.
② 단계배부법은 보조부문원가를 배분순서에 따라 순차적으로 다른 보조부문과 제조부문에 배분하는 방법이다.
③ 상호배부법은 보조부문 상호간의 용역수수관계를 완전히 인식하여 보조부문원가를 다른 보조부문과 제조부문에 배분하는 방법이다.
④ 계산의 정확성은 단계배부법, 상호배부법, 직접배부법 순으로 높게 나타난다.

24. 상공회사는 제품A를 완성하였다. 다음 자료에 의하면 제품A의 원가는 얼마인가?

> 가. 직접재료원가 : 10,000원
> 나. 직접노무원가 : 2,500원(시간당 ₩20, 총125시간)
> 다. 제조간접원가배부율 : 직접노무시간당 ₩10

① ₩12,500　　② ₩13,750　　③ ₩14,650　　④ ₩15,000

25. 상공회사는 당기 중 #101, #102, #103 세 개의 작업을 시작해서 이중 #103은 미완성 되고 나머지 작업 #101, #102는 완성되었다. 상공회사의 완성품 원가는 얼마인가?

	#101	#102	#103
기초재공품원가	₩10,000		
당기발생원가			
직접재료원가	₩20,000	₩30,000	₩10,000
직접노무원가	₩40,000	₩50,000	₩15,000
제조간접원가	₩75,000	₩63,000	₩15,000
계	₩135,000	₩143,000	₩40,000

① ₩183,000　　② ₩278,000　　③ ₩288,000　　④ ₩318,000

26. (주)대한에서 직접재료원가를 기준으로 제조간접원가를 배부할 때 제조지시서 NO.107의 제조간접원가는 얼마인가?

구분	총작업	제조지시서 NO.107
직접재료원가	₩800,000	₩20,000
직접노무원가	₩460,000	₩60,000
직접노동시간	6,000시간	400시간
제조간접원가	₩260,000	

① ₩9,500　　② ₩8,500　　③ ₩7,500　　④ ₩6,500

27. 다음은 개별원가계산에 대한 설명이다. 잘못된 것은?

① 생산환경이 제품별로 이질적인 경우에 이용된다.

② 동일한 제품이라도 제품별 작업 구분을 확실히 할 수 있는 경우에 이용된다.

③ 종합원가계산과 달리 표준원가계산을 적용할 수 없다.

④ 제조직접원가와 제조간접원가의 구분을 전제로 한다.

28. (주)경기화학은 100kg의 원료에 ₩10,000을 투입하여 1차 가공한 후 각기 다른 세 공정에서 2차 가공하여 각각 A, B, C 세 제품을 생산하고 있다. 1차 가공비를 제품의 순실현가치를 기준으로 배분한다면, B제품의 kg 단위당 생산원가는 얼마인가?

제품	2차 가공비	Kg당 판매가	생산량(Kg)
A	₩10,000	₩500	40
B	₩5,000	₩1,000	25
C	₩18,000	₩800	35

① ₩200   ② ₩250   ③ ₩300   ④ ₩400

29. (주)대한의 제조부문은 A부문과 B부문으로 구성되어 있고, 보조부문은 전력부와 공장관리부로 구성되어 있다. 공장관리부는 A부문, B부문, 전력부에 각각 20%, 60%, 20%의 용역을 제공하고 있다. 공장관리부가 제공하는 용역은 총 2,000시간이며, 총원가는 ₩1,500,000(고정원가 ₩1,000,000, 변동원가 ₩500,000)이다. 회사는 전력부를 폐쇄하고 해당 용역을 외부에서 구입하기로 결정하였다. 외부구입을 실행할 경우에는 공장관리부가 전력부에 용역을 제공하지 않아도 된다. 전력부가 제공하던 용역을 외부에서 구입한다면 B부문에 배부될 공장관리부 원가는 얼마인가? (단, 직접배부법을 가정하시오.)

① ₩1,050,000   ② ₩1,000,000   ③ ₩900,000   ④ ₩840,000

30. 다음 설명 중 잘못된 것은?

① 원가계산기간은 회사의 회계연도와 일치하여야 한다. 다만, 필요한 경우에는 월별 또는 분기별 등으로 세분하여 원가계산을 실시할 수 있다.

② 외주가공비는 그 성격에 따라 재료비 또는 노무비에 포함하여 계상할 수 있으며, 그 금액이 중요한 경우에는 별도의 과목으로 기재할 수 있다.

③ 주요 재료와 부분품의 소비는 직접재료비를 구성한다.

④ 소모품, 수선용 부분품, 반제품도 재고자산에 포함된다.

31. 다음 자료에 의하여 월말재공품 원가를 계산한 것으로 옳은 것은? (단, 직접재료원가는 제조 착수시에 전부 투입되고, 가공비는 균등하게 발생한다고 가정한다. 월말재공품 평가는 평균법에 의한다.)

구분(진척도)	물량흐름	직접재료원가	가공원가
월초재공품(30%)	100개	₩200,000	₩150,000
당월제조착수	500개	₩400,000	₩100,000
당월완성품수량	400개		
월말재공품수량(50%)	200개		

① ₩150,000 ② ₩200,000 ③ ₩250,000 ④ ₩300,000

32. 다음은 원가회계 및 원가에 대한 설명이다. 옳지 않은 것은?

① 원가는 경영목적과 직접 관련되어 발생한 것이어야 한다.

② 원가란 재화나 용역을 생산하는 과정에서 소비되는 모든 경제적 가치를 말한다.

③ 원가회계는 재무상태표에 표시되는 재공품과 제품 등의 재고자산의 금액을 결정한다.

④ 원가회계는 기업회계기준서에 의하여 작성하여 외부정보 이용자의 의사결정에 유용한 정보를 제공하는 회계이다.

33. 결합원가에 대한 설명으로 맞는 것은?

① 연산품은 분리점에서 상대적으로 판매가치가 낮다.

② 판매가치가 증가할 때 부산물이 연산품으로 바뀔 수 있다.

③ 연산품이 부산물로 바뀔 수는 어떠한 경우에도 없다.

④ 결합원가를 배분하는 목적은 단지 이익을 증가시키기 위해서다.

34. 다음 중 종합원가계산의 적용이 적절하지 않은 업종은 어느 것인가?

① 정유업   ② 화학공업   ③ 선박업   ④ 제분업

35. 다음 자료를 이용하여 선입선출법을 가정한 재료비와 가공비의 완성품환산량을 각각 계산하면 얼마인가? (단, 재료는 공정초에 전량 투입되며, 가공비는 균등하게 발생한다고 가정한다.)

> 가. 기초재공품수량 400개(30%)
> 나. 완성량 2,400개
> 다. 기말재공품 600개(40%)

	재료원가	가공원가			재료원가	가공원가
①	2,600개,	2,620개		②	2,600개,	2,520개
③	2,500개,	2,520개		④	2,400개,	2,320개

36. (주)상공화학은 동일공정에서 결합제품 A와 B를 생산하고 있다. 다음 자료에 의하여 연산품 A의 단위당 제조원가를 계산한 금액으로 옳은 것은? (단, 결합제품 A와 B에 투입된 결합원가는 ₩24,000이며 결합원가는 상대적 순실현가치를 기준으로 배부하고 있다.)

제품	생산 수량	분리점에서의 판매가치	분리점 이후	
			추가가공원가	최종판매가치
A	100	₩15,000	₩2,000	₩20,000
B	200	₩22,000		₩42,000

① ~~₩82~~   ② ~~₩84~~   ③ ~~₩92~~   ④ ~~₩95~~

37. 종합원가계산의 종류에 대한 설명 중 옳지 않은 것은?

① 단일 종합원가계산 : 제품생산공정이 단일공정인 제품을 생산하는 기업에서 사용

② 조별 종합원가계산 : 종류가 다른 다양한 제품을 연속 대량생산하는 기업에서 사용

③ 공정별 종합원가계산 : 성격, 규격 등이 서로 다른 제품을 주문에 의해 생산하는 기업에서 사용

④ 연산품 종합원가계산 : 동일한 공정 및 동일한 재료를 사용하여 계속적으로 생산하되 다른 제품을 생산하는 기업에서 사용

38. 다음은 선입선출법에 따라 종합원가시스템을 사용하는 ㈜대한의 원가자료이다. 재료원가와 가공원가의 완성품환산량은 각각 얼마인가?(순서대로 재료원가, 가공원가)

가. 기초재공품 : 100,000단위 (완성도 : 30%)
나. 기말재공품 : 200,000단위 (완성도 : 40%)
다. 당월 착수량 : 450,000단위
라. 완성품 수량 : 350,000단위
마. 원재료는 공정초기에 전량 투입, 가공비는 공정 진행 정도에 따라 발생

① 350,000단위, 430,000단위

② 400,000단위, 450,000단위

③ 450,000단위, 350,000단위

④ 450,000단위, 400,000단위

39. 아래의 표는 생산량과 발생원가와의 관계를 나타낸 것이다. 이와 관련된 원가의 분류로 옳은 것은?

생산량(개)	발생원가(원)
0	400,000
300	400,000
600	400,000
900	800,000
1,200	800,000
1,500	1,200,000
1,800	1,200,000

① 변동원가   ② 고정원가   ③ 준변동원가   ④ 준고정원가

40. 다음은 (주)상공의 경비와 관련된 자료이다. 당월분의 제조경비를 계산한 금액으로 옳은 것은?

　가. 임차료(6개월분, 공장 50%, 본사 50%) : ₩240,000

　나. 전력비(공장 60%, 본사 40%)

　　－ 당월 발생 금액 : ₩150,000

　　－ 당월 지급 금액 : ₩100,000

　다. 복리후생비 － 당월 중 지급액 : ₩50,000

　　－ 월초기준 선급액 : ₩10,000

　　－ 월말기준 선급액 : ₩20,000

① ₩150,000   ② ₩250,000   ③ ₩320,000   ④ ₩440,000

02   전산회계운용사2급(20. 10. 09 시행)

이론 **시험**

1과목 : 재무회계

01. 다음은 개인기업인 상공상사의 회계연도별 자료이다. 20X3년의 당기순손익을 계산한 것으로 옳은 것은? (단, 회계기간은 1월 1일부터 12월 31일까지이다. 단 제시된 자료 이외에는 고려하지 않는다.)

> 20X1년 : 기말자산 ₩1,000,000   기말부채 ₩300,000
> 20X2년 : 수익총액 ₩800,000   비용총액 ₩600,000
> 20X3년 : 기말자산 ₩1,500,000   기말부채 ₩700,000

① ₩100,000(이익)   ② ₩100,000(손실)

③ ₩200,000(이익)   ④ ₩200,000(손실)

02. 시산표의 작성 목적으로 가장 적절한 것은?

① 기말 재고 현황을 파악하기 위하여 작성한다.

② 거래를 순서대로 기입하기 위하여 작성한다.

③ 원장 기입의 정확성 여부를 검사하기 위하여 작성한다.

④ 총계정원장 마감 전에 재무상태와 재무성과를 하나의 표로 나타내기 위하여 작성한다.

03. 자본의 크기와 자본의 변동에 관한 정보를 제공하는 재무보고서에 해당하는 것은?

① 현금흐름표   ② 자본변동표

③ 재무상태표   ④ 포괄손익계산서

04. (주)상공은 현금의 실제 금액이 장부금액보다 ₩50,000 부족한 것을 발견하여 현금과부족 계정으로 회계처리를 하였다. 그 후 불일치 원인을 찾으려 노력하였지만 결산 시까지 발견할 수가 없었다. 결산 시 회계처리로 옳은 것은?

① (차) 잡손실 50,000 (대) 현금 50,000

② (차) 잡손실 50,000 (대) 현금과부족 50,000

③ (차) 현금 50,000 (대) 잡이익 50,000

④ (차) 현금과부족 50,000 (대) 잡이익 50,000

05. 다음 항목 중에서 비유동자산은 무엇인가?

① 건물

② 재고자산

③ 사용제한이 없는 현금

④ 판매 후 3개월 이내에 결제될 매출채권

06. 다음은 (주)상공기업의 당좌예금 거래 내역이다. 3월 30일 회계처리로 옳은 것은? (단, 3월 30일 이전 회계처리는 모두 적정하게 이루어진 것으로 가정한다.)

> 가. 3월 1일 당좌예금계좌를 개설하고, 현금 ₩1,000,000을 입금하다.
> 나. 3월 10일 거래처로부터 외상대금 ₩500,000이 입금되다.
> 다. 3월 15일 당좌차월 ₩1,000,000을 약정하다.
> 라. 3월 30일 지급어음 대금 ₩2,000,000이 당좌예금계좌에서 인출되다.

① (차) 지급어음 2,000,000 (대) 당좌예금 2,000,000

② (차) 지급어음 2,000,000 (대) 당좌예금 1,500,000
　　　　　　　　　　　　　　　　단기차입금 500,000

③ (차) 지급어음 2,000,000 (대) 당좌예금 1,000,000
　　　　　　　　　　　　　　　　단기차입금 1,000,000

④ (차) 지급어음 2,000,000 (대) 단기차입금 2,000,000

07. 다음은 '금융상품 : 표시'에 따라 금융상품의 정의와 관련된 설명이다. 올바르게 설명한 것을 모두 고르면 몇 개인가?

> 가. 미래에 현금을 수취할 계약상 권리에 해당하는 금융 자산의 일반적인 예로 는 매출채권과 대여금, 투자사채 등이 있다.
> 나. 금융상품을 수취, 인도 또는 교환하는 계약상 권리 또는 계약상 의무는 그 자체로 금융상품이 아니다.
> 다. 실물자산(예 : 재고자산, 유형자산), 리스자산과 무형자산 (예 : 특허권, 상표 권)은 금융자산이다.
> 라. 미래경제적효익이 현금 등 금융자산을 수취할 권리가 아니라 재화나 용역 의 수취인 자산(예 : 선급비용)은 금융자산이다.

① 1개 ② 2개 ③ 3개 ④ 4개

08. 경영진이 의도하는 방식으로 자산을 가동하고자 필요한 장소와 상태에 이르게 하는데 직접 관련되는 원가의 예로 옳은 것은?

① 설치원가 및 조립원가
② 새로운 상품과 서비스를 소개하는 데 소요되는 원가
③ 관리 및 기타 일반간접원가
④ 새로운 기술을 개발하는데 소요되는 원가

09. 20X1년 초에 운용리스로 제공할 목적으로 건물을 취득하였다. 건물의 취득원가 는 ₩10,000이며, 잔존가치는 ₩0, 내용연수는 10년으로 추정된다. 동 건물에 대하여 공정가치모형을 적용하기로 한다. 20X1년 말 현재 공정가치가 ₩11,000 이라면, 20X1년도의 포괄손익계산서에 계상되는 동 건물에 대한 감가상각비와 투자부동산 평가손익은 각각 얼마인가? (단, 법인세효과는 없다.)

① 감가상각비 ₩1,000 투자부동산평가이익 ₩2,000
② 감가상각비 ₩1,000 투자부동산평가이익 ₩1,000
③ 감가상각비 ₩0 투자부동산평가이익 ₩2,000
④ 감가상각비 ₩0 투자부동산평가이익 ₩1,000

10. 다음은 ㈜상공의 6월 중에 발생한 외상 매입 관련 자료이다. 6월 중 상품의 순매입액과 외상매입금 계정의 6월말 잔액으로 옳은 것은?

> 6월 5일 ㈜대한으로부터 상품 ₩150,000을 외상으로 매입하고, 인수 운임 ₩5,000을 현금으로 지급하다.
>
> 6월 10일 ㈜강남으로부터 상품 ₩200,000을 외상으로 매입 하다. 그리고 거래처 ㈜강남이 지불할 운임 ₩10,000을 현금으로 대신 지급하고 외상대금과 상계하기로 하다.
>
> 6월 13일 ㈜경기로부터 상품 ₩100,000을 외상으로 매입 하다. 그리고 당점 부담 운임 ₩5,000을 ㈜경기 에서 대신 지급하다.

	순매입액	외상매입금		순매입액	외상매입금
①	₩455,000,	₩445,000	②	₩460,000,	₩445,000
③	₩455,000,	₩450,000	④	₩460,000,	₩450,000

11. 다음은 (주)상공기업의 매출처원장이다. (주)상공기업의 기말외상매출금 잔액은 얼마인가?

A 상점

전기이월	100,000	현금	300,000
매출	400,000	차기이월	200,000
	500,000		500,000

B 상점

전기이월	200,000	받을어음	400,000
매출	500,000	차기이월	300,000
	700,000		700,000

① ₩500,000   ② ₩700,000   ③ ₩900,000   ④ ₩1,200,000

12. 다음은 상공가구점에서 발생한 거래와 이를 회계처리한 것이다. 올바른 회계처리를 모두 고른 것은?

> 가. 판매용 책상과 의자 ₩200,000을 주문하고, 계약금 ₩20,000을 현금으로 지급하다.
> (차) 매입 20,000 (대) 현금 20,000
> 나. 출장 중인 사원으로부터 내용을 알 수 없는 송금수표 ₩300,000을 받다.
> (차) 현금 300,000 (대) 가수금 300,000
> 다. 업무용 컴퓨터 1대를 ₩500,000에 구입하고 대금은 외상으로 하다.
> (차) 비품 500,000 (대) 미지급금 500,000
> 라. 영업사원에게 출장을 명하고 출장비를 어림 계산하여 ₩200,000을 현금으로 지급하다.
> (차) 여비교통비 200,000 (대) 현금 200,000

① 가, 다   ② 가, 라   ③ 나, 다   ④ 나, 라

13. 다음은 (주)상공기업이 기말상품 재고조사를 한 결과이다. 포괄손익계산서에 표시되는 기타비용(재고자산감모손실)은 얼마인가?

> 가. 장부상의 기말상품재고액 120개 @₩5,000 ₩600,000
> 나. 실제조사 기말상품재고액 110개 @₩5,000 ₩550,000
> 다. 감모 손실 중 6개는 원가성이 있고, 4개는 원가성이 없음.

① ₩10,000   ② ₩20,000   ③ ₩30,000   ④ ₩50,000

14. 다음 설명에 해당하는 자산계정으로 옳은 것은?

> 석유나 가스 등의 광물자원을 개발하기 위해 광물자원에 대한 탐사와 평가 과정에서 발생한 지출

① 개발비   ② 광업권   ③ 산업재산권   ④ 탐사평가자산

15. ㈜상공이 회계기간에 발생한 거래에 대하여 회계처리한 내용 중 금융부채가 발생하지 않은 것은?

① 재고자산을 외상으로 구입하고 매입채무로 계상하였다.

② 업무용 자동차를 외상으로 구입하고 미지급금으로 계상하였다.

③ 상품에 대한 판매주문과 동시에 현금을 먼저 받아 선수금으로 계상하였다.

④ 차입금에 대한 이자비용을 후급으로 지급하기 때문에 기간경과 이자비용을 보고기간말에 미지급비용으로 계상하였다.

16. 다음은 주당이익에 대한 내용이다. 옳지 않은 것은?

① 기본주당이익은 회계기중 실제 발행된 보통주식수를 기준으로 산출한 것이며, 희석주당이익은 실제 발행된 보통주 뿐만 아니라 보통주로 전환될 수 있는 잠재적보통주까지 감안하여 산출한 것으로 이는 기본주당이익에 비해 일반적으로 낮은 금액이 된다.

② 가중평균유통보통주식수는 기초의 유통보통주식수에 회계기간 중 취득된 자기주식수 또는 신규 발행된 보통주식수를 각각의 유통기간에 따른 가중치를 고려하여 조정한 보통주식수이다.

③ 희석주당이익을 계산하기 위해서는 모든 희석효과가 있는 잠재적보통주의 영향을 고려하여 지배기업의 보통주에 귀속되는 당기순손익 및 가중평균유통보통주식수를 조정한다.

④ 기본주당이익과 희석주당이익은 제시되는 모든 기간에 대하여 동등한 비중으로 제시하며, 기본주당이익과 희석주당이익이 부(-)의 금액(즉 주당손실)의 경우에는 표시하지 아니한다.

17. (주)상공기업의 주식 발행 관련 자료이다. 이를 회계처리할 경우 자본변동표에 미치는 영향으로 옳은 것은?

> 가. 주식 종류 : 보통주
> 나. 발행 주식 수 : 100주
> 다. 1주당 액면금액 : ₩5,000
> 라. 1주당 발행금액 : ₩7,000
> 마. 납입금 : 전액 당좌예입

① 납입자본이 ₩700,000 증가한다.
② 이익잉여금이 ₩200,000 증가한다.
③ 자본조정항목이 ₩700,000 증가한다.
④ 기타포괄손익누계액이 ₩200,000 증가한다.

18. 다음은 비용에 대한 내용이다. 옳지 않은 것은?

① 광의의 비용의 정의에는 기업의 정상영업활동의 일환으로 발생하는 비용뿐만 아니라 차손도 포함된다.
② 차손은 흔히 관련 수익을 차감한 금액으로 보고된다.
③ 비용은 자산의 감소나 부채의 증가와 관련하여 미래경제적 효익이 감소하고 이를 신뢰성 있게 측정할 수 있을 때 포괄손익계산서에 인식한다.
④ 제품보증에 따라 부채가 발생하는 경우 포괄손익계산서에 비용으로 인식할 수 없다.

19. 결산 시 기말 상품재고액의 실제 금액이 ₩70,000이었으나 이를 ₩50,000으로 잘못 계산하여 회계 처리 하였을 경우 그 결과에 대한 설명으로 옳은 것은?

① 매출원가가 ₩20,000 과소 계상된다.
② 매출총이익이 ₩50,000 과소 계상된다.
③ 매출원가가 ₩20,000 과대 계상된다.
④ 매출총이익이 ₩50,000 과대 계상된다.

20. 다음은 ㈜상공의 임대료에 관한 거래이다. 기말 결산일(12/31)정리분개로 옳은 것은?

> 3/1 소유하고 있던 오피스텔을 하늘상사에 임대(보증금 ₩10,000,000 월세 ₩100,000)하고 임대료 ₩600,000을 현금으로 받아 즉시 보통예금에 예입하다.
> 12/31 임대료 미수분을 계상하다.

① (차) 미수수익 400,000 (대) 임대료 400,000

② (차) 임대료 400,000 (대) 미수수익 400,000

③ (차) 임대료 600,000 (대) 미수수익 400,000

④ (차) 미수수익 600,000 (대) 임대료 600,000

2과목 : 원가관리회계

21. 원가를 제품원가와 기간원가로 구분할 때 다음 중 기간원가에 속하지 않는 것은?

① 소모품비
② 생산직 근로자의 임금
③ 판매원의 급료
④ 사장의 급료

22. 다음 중 외부거래에 해당하는 것은?

① 재료의 공장출고
② 노무비 소비
③ 제품의 완성
④ 재료의 매입

23. 등급별 원가계산에 관한 설명 중 옳지 않은 것은?

① 등급별 원가계산은 동일 종류의 제품이 동일 공정에서 연속적으로 생산되나 그 제품의 품질 등이 다른 경우에 적용한다.
② 등급품별 단위당 원가는 각 등급품에 대하여 합리적인 배부기준을 정하고, 당해 기간의 완성품 총원가를 동 배부기준에 따라 안분하여 계산한다.
③ 등급품별로 직접원가를 구분하는 것이 가능할 경우 직접원가는 당해 제품에 직접 부과한다.
④ 간접원가는 조업도의 변동에 따라 비례적으로 배분한다.

24. 다음은 개별원가계산을 실시하고 있는 나주공업의 이번 달 원가자료이다. 제조간접원가 예정배부율은 직접노무원가의 50%이다. 이달 중 완성된 제조지시서는 #1001과 #1002이다. 완성품 원가는 얼마인가?

제조지시서	#1001	#1002	#1003	계
전기이월	₩5,000	–	–	₩5,000
직접재료원가	₩8,200	₩4,500	₩6,400	₩19,100
직접노무원가	₩3,000	₩4,600	₩3,400	₩11,000
계	₩16,200	₩9,100	₩9,800	₩35,100

① ₩11,500
② ₩25,300
③ ₩29,100
④ ₩35,100

25. (주)강릉의 제조간접원가 발생액은 ₩100,000이고 직접원가법에 의하여 각 제조지시서에 배부한다. 8월 중 제조지시서 No.45와 No.46은 완성하였고 No.47은 아직 완성하지 못하였다면, 8월 중 미완성품 제조원가를 계산하면 얼마인가?

	No.45	No.46	No.47	합계
월초재공품	12,000	16,000	13,000	41,000
직접재료원가	17,000	20,000	10,000	47,000
직접노무원가	23,000	27,000	28,000	78,000
제조간접원가	( )	( )	( )	100,000
합계	( )	( )	( )	266,000

① ₩65,400　　② ₩72,200　　③ ₩81,400　　④ ₩90,200

26. 부문별 원가회계에 설명이 옳은 것은?

① 소규모 기업에서 많이 사용한다.
② 부문원가를 예정배부하면 제품계정 차변으로 대체한다.
③ 보조부문원가는 정액법, 정률법, 생산량비례법으로 배부할 수 있다.
④ 제조간접원가를 보다 더 정확하게 배부하기 위하여 부문별 원가계산을 한다.

27. 개별원가회계에서 원가분류를 어떻게 해야 하는가?

① 고정원가, 변동원가　　　　② 직접원가, 간접원가
③ 재료비, 제조경비　　　　　④ 직접원가, 가공원가

28. 경기회사는 2개의 보조부문과 2개의 제조부문으로 구성되어 있다. 각 부문직접비 및 보조부문의 용역 사용량에 대한 정보는 다음과 같다. 보조부문의 원가는 단일배분율에 의해 제조부문에 배부한다. 보조부문1의 원가배분 기준은 수선시간이며, 보조부문2의 원가배분 기준은 전력사용량이다. 직접배부법에 의해 보조부문비를 제조부문에 배분할 경우 제조부문2의 총원가는 얼마인가?

	제조부문1	제조부문2	보조부문1	보조부문2
부문직접비			₩15,600	₩20,000
수선시간	60시간	30시간		10시간
전력사용량	120Kwh	40Kwh	40Kwh	

① ₩10,200　　② ₩10,400　　③ ₩15,000　　④ ₩25,400

29. 다음은 추적가능성에 따른 원가의 분류이다. (가)에 대한 설명으로 옳지 않은 것은?

기본원가	직접재료원가	
		(가)

① 전환원가라고도 한다.

② 가공원가라고도 한다.

③ 특정제품을 제조하기 위한 기초원가를 의미한다.

④ 직접노무원가와 제조간접원가가 이 원가에 해당한다.

30. 다음은 등급품과 연산품을 설명한 것이다. 적절하지 않은 것은?

① 등급품은 동종제품으로서 품질이나 순도가 다른 제품을 말한다.

② 연산품은 동일한 원료에서 생산되는 이종제품을 말한다.

③ 생우유에서 생산되는 버터, 크림, 탈지유 등은 등급품이라 할 수 있다.

④ 광석에서 추출되는 구리, 은, 납 등은 연산품이라 할 수 있다.

31. 다음 중 공정별원가계산에 대한 설명으로 옳지 않은 것은?

① 동일제품 또는 유사제품을 여러 개의 공정을 거쳐서 생산하는 경우에 적용된다.

② 직전 공정으로부터 대체되는 원가를 전공정원가라 한다.

③ 전공정원가는 후속공정의 시작시점에서 새로 투입된 직접재료와 동일하게 취급된다.

④ 전공정에서 발생한 가공비는 전공정원가에 포함될 수 없다.

32. 제조간접원가는 예정배부한다. 제조간접원가 예산은 ₩500,000이고 배부기준인 총예정작업시간은 10,000시간이다. 제12기 중 제조간접원가는 ₩420,000이 발생하였으며, 총 9,000시간을 작업하였다. 기말 현재 제조지시서 No.77만이 미완성 상태이다. 제조지시서 No.77의 실제작업시간은 500시간이며, 200시간을 추가적으로 작업하여야 완성될 수 있다. 12월 말 기준으로 결산을 하면서 제조간접원가 배부차이는 매출원가조정법으로 회계처리 하고자 한다. 제12기에 대한 다음 설명 중 올바른 것은? (단, 제조간접원가만을 대상으로 한다.)

① 제조간접원가는 ₩80,000만큼 과대배부되었다.

② 기말재공품원가는 알 수가 없다.

③ 제조간접원가 실제배부율은 예정배부율보다 높다.

④ 제조간접원가 배부차이의 조정을 통하여 매출원가는 감소한다.

33. (주)대한은 선입선출법에 의한 종합원가계산을 수행한다. 다음 3월분 원가자료를 이용하여 기말재공품에 포함된 재료원가를 계산하면 얼마인가? (단, 재료는 공정 초에 전부 투입된다.)

> 가. 기초재공품 : 300개 (완성도 20%)
> (재료원가 ₩525,000, 가공원가 ₩400,000)
> 나. 완성품 : 1,000개
> 다. 기말재공품 : 500개 (완성도 40%)
> 라. 당기투입원가
> 재료원가 ₩1,800,000, 가공원가 ₩1,500,000

① ₩310,000   ② ₩400,000   ③ ₩750,000   ④ ₩775,000

34. 다음은 (주)대한의 10월 중 재료의 입출고에 대한 내역이다. 계속기록법 하에서 선입선출법을 이용하는 경우, 10월 말 재료의 재고액은 얼마인가?

> 1일 : 전월이월액은 ₩150,000(단가 ₩500, 수량 300개)이다.
>
> 5일 : 200개를 소비하다.
>
> 13일 : 300개를 단가 ₩520에 구입하다.
>
> 18일 : 200개를 소비하다.
>
> 22일 : 500개를 단가 ₩510에 구입하다.
>
> 31일 : 600개를 소비하다.

① ₩50,000 ② ₩51,000 ③ ₩51,500 ④ ₩52,000

35. 다음의 자료와 같이 제1부문과 제2부문으로 구성된 공장이 있다. 제품P에 대한 제조간접원가를 부문별 배부와 공장전체 배부로 각각 계산할 때 바르게 계산된 것은?

	제1부문	제2부문	공장전체
제조간접원가	₩3,000	₩9,000	₩12,000
직접노동시간	200시간	300시간	500시간
제품P의 사용시간	15시간	25시간	40시간

	부문별 배부	공장전체 배부		부문별 배부	공장전체 배부
①	₩835	₩1,100	②	₩960	₩975
③	₩975	₩960	④	₩1,100	₩835

36. 상공기계는 2월 중 작업번호가 #101, #102인 두가지 작업을 수행해서 모두 완성하였다. 2월 중 발생한 제조간접원가 발생액은 ₩1,200,000이다. 2월 중 기타 자료는 다음과 같을 때 직접노무원가 기준 제조간접원가 배부율은 얼마인가?

	#101	#102	계
직접노동시간	500시간	1,000시간	1,500시간
기계시간	1,200시간	600시간	1,800시간
직접노무원가	₩300,000	₩500,000	₩800,000

① 직접노무원가의 140% ② 직접노무원가의 150%

③ 직접노무원가의 160% ④ 직접노무원가의 170%

37. (주)대한은 두 개의 공정을 통해 완제품을 생산한다. 다음은 6월 중에 제1공정의 재료에 관한 자료이다. 단, 재료는 제1공정 착수시점에서 전량이 투입된다. 평균법에 의할 경우 6월 30일 월말재공품에 포함된 재료원가는 얼마인가?

구분	물량	직접재료원가
6월 1일의 재공품	60,000개	₩260,000
6월 중의 재료투입	120,000개	₩1,000,000
제1공정 완성품수량	120,000개	–

① ₩420,000　　② ₩300,000　　③ ₩240,000　　④ ₩110,000

38. ㈜상공의 공장에서 발생한 다음 자료를 이용하여 제조원가를 계산하면 얼마인가?

> 가. 종업원 임금 : ₩1,000,000
> 나. 돌발적인 기계 고장으로 인해 생산활동이 중지된 기간에
> 　　발생한 임금 : ₩100,000
> 다. 파업기간 임금 : ₩1,400,000
> 라. 기계장치 수선비 : ₩200,000
> 마. 공장건물 임차료 : ₩500,000
> 바. 갑작스런 정전으로 인한 불량품의 원가 : ₩600,000
> 사. 수도요금과 전기요금 : ₩1,300,000

① ₩4,500,000　　② ₩4,100,000　　③ ₩3,600,000　　④ ₩3,000,000

39. 개별원가계산에 대한 설명으로서 다음 중 옳지 않은 것은?

① 주로 고객의 주문에 따라 서로 다른 여러 종류의 제품을 소량씩 개별적으로 생산하는 조선업, 건설업, 영화제작업 등에서 사용한다.

② 제품별로 제조를 지시하는 제조지시서를 사용하고 있기 때문에 제조지시서 번호별로 원가를 집계한다.

③ 원가계산은 제조지시서별로 언제라도 수행할 수 있으므로, 종합원가계산에 비해 원가계산기간은 중요하지 않다.

④ 월말에 완성된 제조지시서의 제조원가는 월말재공품원가가 되며, 미완성된 제조지시서의 제조원가는 완성품원가가 된다.

40. 원가의 개념에 대한 다음의 설명 중 옳지 않은 것은?

① 관련원가란 특정한 의사결정과 관련하여 발생하는 원가를 말한다.

② 매몰원가란 미래에 발생할 원가이기 때문에 의사결정과 관련이 있는 원가이다.

③ 소멸원가란 용역 잠재력이 소멸되어 미래에 더 이상 경제적 효익을 제공할 수 없는 원가이다.

④ 기회원가란 선택된 대안을 제외한 다른 대안 중 차선의 대안을 선택하였더라면 얻을 수 있었던 최대 효익 또는 최소 원가를 말한다.

03　대한상공회의소 제공(공개용 1회)

GH20L01　　　　　　　국가기술자격검정

2021년도 상시 전산회계운용사 실기시험

2급	프로그램	제한시간
공개01형	CAMP sERP / New sPLUS	80분

〈 유 의 사 항 〉

- 시험은 반드시 주어진 문제의 순서대로 진행하여야 합니다.
- 지시사항에 따라 기초기업자료를 확인하고, 해당 기초기업자료가 나타나지 않는 경우는 감독관에게 문의하시기 바랍니다.
- 기초기업자료를 선택하여 해당 문제를 풀이한 후 프로그램 종료 전 반드시 답안을 저장해야 합니다.
- 각종 코드는 문제에서 제시된 코드로 입력하여야 하며, 수험자가 임의로 부여한 코드는 오답으로 처리합니다.
- 상품의 매입과 매출 거래 시에만 부가가치세를 고려한다.
- 계정과목을 입력할 때는 반드시 [검색] 기능이나 [조회] 기능을 이용하여 계정과목을 등록하되 다음의 자산은 변경 후 계정과목(평가손익, 처분손익)을 적용합니다.

변경 전 계정과목	변경 후 계정과목
단기매매금융자산	당기손익-공정가치측정금융자산
매도가능금융자산	기타포괄손익-공정가치측정금융자산
만기보유금융자산	상각후원가측정금융자산

- 답안파일명은 자동으로 부여되므로 별도 답안파일을 작성할 필요가 없습니다.
  또한, 답안 저장 및 제출 시간은 별도로 주어지지 아니하므로 제한 시간 내에 답안 저장 및 제출을 완료해야 합니다.

---

1. 〈유의사항〉을 준수하지 않아 발생한 모든 책임은 수험자 책임으로 합니다.
2. 수험자는 문제지를 확인하고 문제지 표지와 각 페이지 형별, 총면수, 문제번호의 일련순서, 인쇄상태 등을 확인하시고 이상이 있는 경우 즉시 감독관에게 교체를 요구하여야 합니다.
3. 시험 종료 후 반드시 문제지를 제출하여야 합니다. 문제지를 소지한 채 무단퇴실 하거나 제출 거부 또는 외부유출 시 부정행위자로 처리됩니다.
4. 부정행위를 한 수험자는 관련법에 따라 응시한 자격검정이 정지 및 무효 처리되며 차후 자격검정에도 응시가 제한됩니다.

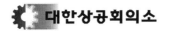

재무회계

> ◎ 지시사항 : '라인가구(주)'의 거래 자료이며 회계연도는 2021.1.1~12.31이다.

1. 다음에 제시되는 기준정보를 입력하시오. 〈4점〉

(1) 다음의 신규 거래처를 등록하시오. (각1점)

거래처(명)	거래처분류(구분)	거래처코드	대표자	사업자등록번호	업태/종목
소방가구(주)	매출처	3007	김소방	120-81-63007	도소매/사무용가구
정직책상(주)	매입처	2005	고정직	126-81-98765	제조/목재가구

(2) 다음의 신규 상품(품목)을 등록하시오. (2점)

품목코드	품목(품명)	(상세)규격	품목종류(자산)	기본단위(단위명)
404	회의용탁자	TAS	상품	EA

2. 다음 거래를 입력하시오. 〈36점/각4점〉

(단, 채권 · 채무 및 금융 거래는 거래처 코드를 입력하고 각 문항별 한 개의 전표번호로 입력한다.)

(1) 12월 3일 임시 주주총회 결의에 따라 유상증자를 실시하다. 보통주 15,000주(액면금액 @₩5,000, 발행금액 @₩8,000)를 발행하고, 주식발행 제비용 ₩800,000을 제외한 대금은 기업은행 보통예금계좌로 납입 받다.

(2) 12월 5일 단기 매매 차익을 목적으로 보유하고 있는 주식 전체 2,000주 중 1,000주를 1주당 ₩4,000에 처분하고, 거래수수료 ₩45,000을 제외한 대금은 기업은행 보통예금계좌로 입금 받다.

(3) 12월 12일 상품을 매입하고 전자세금계산서를 발급받다. 대금 중 ₩55,000,000은 약속어음(어음번호: 가차90210001, 만기일: 2022년 2월 12일, 지급은행: 신한은행)을 발행하여 지급하다.

전자세금계산서(공급받는자 보관용)							승인번호		20211212-XXXX02111	
공급자	등록번호	113-81-27279				공급받는자	등록번호	110-81-12345		
	상호	한국가구㈜	성명 (대표자)	김한국			상호	라인가구㈜	성명 (대표자)	김경영
	사업장 주소	서울특별시 구로구 구로동로 10					사업장 주소	서울특별시 구로구 가마산로 134		
	업태	제조	종사업장번호				업태	도매 및 상품중개업	종사업장번호	
	종목	가구					종목	캐비넷/일반가구		
	E-Mail	avc123@kcci.com					E-Mail	abc123@exam.com		

작성일자	2021.12.12.	공급가액	99,000,000	세액	9,900,000
비고					

월	일	품목명	규격	수량	단가	공급가액	세액	비고
12	12	강화유리책상	SGT	300	250,000	75,000,000	7,500,000	
12	12	중역용의자	CJR	200	120,000	24,000,000	2,400,000	

합계금액	현금	수표	어음	외상미수금	이 금액을	○ 영수	함
108,900,000			55,000,000	53,900,000		● 청구	

(4) 12월 13일 행운가구㈜에 대한 외상매입금을 신한은행 당좌예금계좌에서 이체하다.

당좌예금 통장 거래 내역						
						신한은행
번호	날짜	내용	출금액	입금액	잔액	거래점
	계좌번호 1234-455-354233 라인가구㈜					
1	2021-12-13	행운가구㈜	22,000,000		***	***
이 하 생 략						

(5) 12월 14일 전기에 대손처리하였던 ㈜회생의 외상매출금 ₩1,200,000이 기업은행 보통예금계좌로 입금되다. 단, 부가가치세는 고려하지 않는다.

(6) 12월 18일 견적서에 따라 상품을 매입하기로 하고 계약금 ₩5,000,000을 자기앞수표로 지급하다.

No. _____

견 적 서

2021 년 12 월 18 일
라인가구(주)　　　　　귀하

아래와 같이 견적합니다.

공급자	등 록 번 호	128-81-45677		
	상호(법인명)	㈜다산가구	성명	정 다 산 ㉕
	사 업 장 주 소	경기도 고양시 덕양구 중앙로 110		
	업　　태	제조	종목	가구
	전 화 번 호			

합 계 금 액			오천오백만원整(₩55,000,000)	
품 명	규 격	수 량	단 가	공급가액	세액
강화유리책상	SGT	200EA	250,000	50,000,000	5,000,000

이 하 생 략

(7) 12월 26일　상품을 매출하고 전자세금계산서를 발급하다. 대금 중 현금으로 받은 부분은 즉시 기업은행 보통예금계좌에 입금하다.

전자세금계산서(공급자 보관용)

승인번호　20211226-XXXX0125

공급자	등록번호	110-81-12345			공급받는자	등록번호	137-81-24263		
	상호	라인가구(주)	성명(대표자)	김경영		상호	㈜고운가구	성명(대표자)	나고운
	사업장주소	서울특별시 구로구 가마산로 134				사업장주소	인천광역시 서구 백범로 780		
	업태	도매 및 상품중개업	종사업장번호			업태	도소매	종사업장번호	
	종목	캐비넷/일반가구				종목	가구		
	E-Mail	abc123@exam.com				E-Mail	aabbcc@kcci.COM		

작성일자	2021.12.26.	공급가액	78,300,000	세 액	7,830,000
비고					

월	일	품목명	규격	수량	단가	공급가액	세액	비고
12	26	철재캐비넷	IRI	180	160,000	28,800,000	2,880,000	
12	26	강화유리책상	SGT	110	450,000	49,500,000	4,950,000	

합계금액	현금	수표	어음	외상미수금	이 금액을	○ 영수	함
86,130,000	30,000,000			56,130,000		● 청구	

(8) 12월 27일　연말 불우이웃돕기 성금 ₩1,800,000을 현금으로 지급하다.

(9) 12월 28일　투자목적으로 대륙부동산(주)에서 임대용 건물 ₩30,000,000을 외상으로 취득하다. 단, 유형자산등록은 생략한다.

3. 다음 기말(12월 31일) 결산 정리 사항을 회계 처리하고 마감하시오. 〈28점/각4점〉

(1) 소모품 사용액은 ₩35,510,000이다.

(2) 화재보험료 선급분을 계상하다. 단, 월할계산에 의한다.

(3) 결산일 현재 단기 시세 차익 목적으로 보유중인 주식의 공정가치는 ₩5,750,000이다.

(4) 12월 31일 현재 현금의 장부잔액보다 실제잔액이 ₩50,000 부족하며, 그 원인은 밝혀지지 않았다.

(5) 매출채권 잔액에 대해 1%의 대손충당금(보충법)을 설정하다.

(6) 모든 비유동자산에 대한 감가상각비를 계상하다.

(7) 기말상품재고액을 입력하고 결산 처리하다. 단, 재고평가는 선입선출법으로 한다.

4. 다음 사항을 조회하여 번호 순서대로 단답형 답안을 등록하시오. 〈12점/각2점〉

> ※ CAMP sERP는 [단답형답안작성]메뉴에서 답안을 등록 후 [저장]버튼을 클릭합니다.
> New sPLUS는 [답안수록]메뉴에서 답안을 등록 후 [답안저장]버튼을 클릭합니다.
> ※ 문자 외의 숫자는 ₩, 원, 월, 단위구분자(,) 등을 생략하고 숫자만 입력하되 소수점이 포함되어 있는 숫자의 경우에는 소수점을 입력합니다.
> (예시) 54200(○), 54,251(○), ₩54,200(×), 54,200원(×), 5월(×), 500개(×), 50건(×)

(1) 1월 1일부터 4월 30일까지 중 판매관리비가 가장 많이 발생한 월은 몇 월인가?

(2) 1월 1일부터 5월 31일까지 철재캐비넷의 매입금액(부가가치세 제외)은 얼마인가?

(3) 4월 1일부터 7월 31일까지 보통예금 인출총액은 얼마인가?

(4) 6월 30일 현재 재고수량이 가장 많은 상품의 재고수량은 몇 개인가?

(5) 12월 31일 현재 한국채택국제회계기준(K-IFRS)에 의한 재무상태표에 표시되는 현금및현금성자산의 금액은 얼마인가?

(6) 1월 1일부터 12월 31일까지 한국채택국제회계기준(K-IFRS)에 의한 포괄손익계산서(기능별)에 표시되는 기타비용의 금액은 얼마인가?

▶ [원가회계] 시작하기

　　CAMP sERP : 오른쪽 상단의 [사업장변경]버튼 클릭 → [사업장변경]메뉴에서 해당 사업장 선택 → [사업장변경]버튼 클릭

　　New sPLUS : 왼쪽 상단의 [회사코드]표시부분 클릭 → [회사코드]를 검색 → 해당 회사 선택

문제 2 **원가회계**

◎ 지시사항 : '(주)피스영'의 거래 자료이며 회계연도는 2021.1.1~12.31이다.

1. 다음의 11월 원가계산 과정을 순서대로 처리하시오. 단, 임금 및 제조경비는 주어진 기초자료에 이미 처리되어 있다. 〈20점/각4점〉

(1) 11월 8일 다음의 작업지시서를 발행하고, 같은 날 주요자재를 출고하였다.

① 작업지시서 내용

지시일자	제품명	작업장	작업지시량	작업기간
11월 08일	갑제품	제1작업장	120(BOX)	11월 08일 ~ 11월 30일
11월 08일	을제품	제2작업장	200(BOX)	11월 08일 ~ 12월 07일

② 자재사용(출고)등록

갑제품 작업지시서 : 재료X 200Kg, 재료Y 240Kg(제1작업장)

을제품 작업지시서 : 재료X 160Kg, 재료Z 160Kg(제2작업장)

※ **CAMP sERP**는 자재사용출고등록을 (2)생산자료등록에서, **New sPLUS**는 자재출고입력에서 처리함.

(2) 11월 30일 작업지시서(11월 8일 발행)에 대해 다음과 같이 생산자료를 등록하다.

품목	완성량 (EA)	재공품		작업(투입)시간	작업장
		월말 수량(EA)	작업진행률(완성도, %)		
갑제품	120	–	–	200	제1작업장
을제품	100	100	40%	160	제2작업장

※ **New sPLUS**는 완성도(작업진행률등록)를 (3)원가기준정보에서 처리함.

(3) 11월의 원가기준정보를 다음과 같이 등록하다.

① 노무비배부기준등록(총근무시간)

관련부문	생산1부	생산2부
총근무시간	240	200

② 보조부문비배부기준등록

관련부문	생산1부	생산2부
동력부	60	40
절단부	50	50

③ 작업진행률등록　[을제품 : 40%]　※ **New sPLUS**에서만 적용함

(4) 11월의 실제원가계산을 작업하시오.

　① 기초재공품계산　　② 직접재료비계산　　　　③ 직접노무비계산

　④ 제조간접비계산(제조부문비배부기준 : 투입시간)

　⑤ 개별원가계산　　⑥ 종합원가계산(평균법)　　⑦ 원가반영작업

(5) 11월의 원가계산 마감한 후 제조원가명세서를 조회하시오. 단, 원미만은 버림으로 처리한다.

▶ 답안저장하기 : 오른쪽 상단의 [종료 또는 로그아웃]버튼 클릭 → 답안파일 제출

04 대한상공회의소 제공(공개용 2회)

GH20L01 　　　　　　 국가기술자격검정

2021년도 상시 전산회계운용사 실기시험

2급	프로그램	제한시간
공개02형	CAMP sERP / New sPLUS	80분

─── 〈 유 의 사 항 〉 ───

■ 시험은 반드시 주어진 문제의 순서대로 진행하여야 합니다.

■ 지시사항에 따라 기초기업자료를 확인하고, 해당 기초기업자료가 나타나지 않는 경우는 감독관에게 문의하시기 바랍니다.

■ 기초기업자료를 선택하여 해당 문제를 풀이한 후 프로그램 종료 전 반드시 답안을 저장해야 합니다.

■ 각종 코드는 문제에서 제시된 코드로 입력하여야 하며, 수험자가 임의로 부여한 코드는 오답으로 처리합니다.

■ 상품의 매입과 매출 거래 시에만 부가가치세를 고려한다.

■ 계정과목을 입력할 때는 반드시 [검색] 기능이나 [조회] 기능을 이용하여 계정과목을 등록하되 다음의 자산은 변경 후 계정과목(평가손익, 처분손익)을 적용합니다.

변경 전 계정과목	변경 후 계정과목
단기매매금융자산	당기손익-공정가치측정금융자산
매도가능금융자산	기타포괄손익-공정가치측정금융자산
만기보유금융자산	상각후원가측정금융자산

■ 답안파일명은 자동으로 부여되므로 별도 답안파일을 작성할 필요가 없습니다.

　또한, 답안 저장 및 제출 시간은 별도로 주어지지 아니하므로 제한 시간 내에 답안 저장 및 제출을 완료해야 합니다.

1. 〈유의사항〉을 준수하지 않아 발생한 모든 책임은 수험자 책임으로 합니다.

2. 수험자는 문제지를 확인하고 문제지 표지와 각 페이지 형별, 총면수, 문제번호의 일련순서, 인쇄상태 등을 확인하시고 이상이 있는 경우 즉시 감독관에게 교체를 요구하여야 합니다.

3. 시험 종료 후 반드시 문제지를 제출하여야 합니다. 문제지를 소지한 채 무단퇴실 하거나 제출 거부 또는 외부유출 시 부정행위자로 처리됩니다.

4. 부정행위를 한 수험자는 관련법에 따라 응시한 자격검정이 정지 및 무효 처리되며 차후 자격검정에도 응시가 제한됩니다.

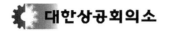

문제 1 **재무회계**

◎ 지시사항 : '체어몰(주)'의 거래 자료이며 회계연도는 2021.1.1~12.31이다.

1. 다음에 제시되는 기준정보를 입력하시오. 〈4점〉

(1) 다음의 신규 거래처를 등록하시오. (각1점)

거래처(명)	거래처분류(구분)	거래처코드	대표자	사업자등록번호	업태/종목
스마트가구(주)	매출처	3007	김천석	109-81-11652	도소매/ 사무용가구
웨스턴가구(주)	매입처	2005	강구영	214-81-54327	제조/금속가구

(2) 다음의 신규 상품(품목)을 등록하시오. (2점)

품목코드	품목(품명)	(상세)규격	품목종류(자산)	기본단위(단위명)
404	식당용의자	STS	상품	EA

2. 다음 거래를 입력하시오. 〈36점/각4점〉

(단, 채권·채무 및 금융 거래는 거래처 코드를 입력하고 각 문항별 한 개의 전표 번호로 입력한다.)

(1) 12월 4일 상법에서 정하는 절차에 따라 자기주식 3,000주(액면금액 @ ₩5,000)를 1주당 ₩7,000에 매입하고, 신한은행 당좌예금계좌에서 이체하다.

(2) 12월 6일 단기 투자를 목적으로 코스닥시장에 상장된 (주)대박의 주식 3,000주(액면금액 @₩1,000)를 1주당 ₩4,000에 취득하다. 거래수수료 ₩50,000을 포함한 대금은 기업은행 보통예금계좌에서 이체하다.

(3) 12월 10일 지출결의서에 따라 해당 금액을 기업은행 보통예금계좌에서 납부하다.

지출결의서		결 재	계장	과장	부장
2021년 12월 10일			대한	상공	회의

번호	내역	금액(원)	비고
1	11월분 소득세 등 원천 징수분	4,420,000	기업은행(보통) 인출
2	11월분 회사부담 건강보험료	1,600,000	기업은행(보통) 인출
	계	6,020,000	—

(4) 12월 14일 대륙부동산(주)로부터 물류창고 부지를 구입하기로 하고 계약
금을 기업은행 보통예금계좌에서 이체하다.

보통예금 통장 거래 내역

기업은행

번호	날짜	내용	출금액	입금액	잔액	거래점
		계좌번호 999-789-01-998877 체어몰㈜				
1	2021-12-14	대륙부동산㈜	25,000,000		***	***
		이 하 생 략				

(5) 12월 19일 거래처 이전을 축하하기 위하여 축하선물을 ₩1,200,000에 구
입하고 대금은 법인KB카드로 결제하다.

(6) 12월 20일 상품을 매입하고 전자세금계산서를 발급받다. 대금 중
₩40,000,000은 보관중인 ㈜고운가구 발행의 약속어음(어음
번호: 다카10292222, 발행일: 2021년 11월 15일, 만기일: 2022년 3
월 15일, 지급은행: 신한은행)을 배서 양도하고, 잔액은 기업은행
보통예금 계좌에서 현금으로 인출하여 지급하다.

전자세금계산서(공급받는자 보관용)					승인번호		20211220-XXXX02111	

공급자	등록번호	128-81-45677			공급받는자	등록번호	110-81-12345	
	상호	(주)다산가구	성명(대표자)	정다산		상호	체어몰(주)	성명(대표자) 김경영
	사업장주소	경기도 고양시 덕양구 중앙로 110				사업장주소	서울특별시 구로구 가마산로 134	
	업태	제조	종사업장번호			업태	도매 및 상품중개업	종사업장번호
	종목	가구				종목	캐비넷/일반가구	
	E-Mail	avc123@kcci.com				E-Mail	abc123@exam.com	

작성일자	2021.12.20.	공급가액	44,000,000	세 액	4,400,000

월	일	품목명	규격	수량	단가	공급가액	세액	비고
12	20	중역용의자	CJR	200	120,000	24,000,000	2,400,000	
12	20	철재캐비넷	IRI	250	80,000	20,000,000	2,000,000	

합계금액	현금	수표	어음	외상미수금	이 금액을	⦿ 영수 / ○ 청구 함
48,400,000	8,400,000		40,000,000			

(7) 12월 21일 직원 직무능력 향상을 위한 외부 강사료 ₩5,000,000 중 소득세 등 ₩440,000을 차감한 금액을 현금으로 지급하다.

(8) 12월 27일 상품을 매출하고 전자세금계산서를 발급하다. 대금 중 ₩45,000,000은 현금으로 받아 신한은행 당좌예금 계좌에 입금하다.

전자세금계산서(공급자 보관용)						승인번호	20211227-XXXX0128	

공급자	등록번호	110-81-12345			공급받는자	등록번호	109-14-45432	
	상호	체어몰(주)	성명(대표자)	김경영		상호	공주가구	성명(대표자) 이공주
	사업장주소	서울특별시 구로구 가마산로 134				사업장주소	서울특별시 은평구 은평로 10	
	업태	도매 및 상품중개업	종사업장번호			업태	소매	종사업장번호
	종목	캐비넷/일반가구				종목	가구	
	E-Mail	abc123@exam.com				E-Mail	aabbcc@kcci.com	

작성일자	2021.12.27.	공급가액	93,000,000	세 액	9,300,000
비고					

월	일	품목명	규격	수량	단가	공급가액	세액	비고
12	27	강화유리책상	SGT	100	450,000	45,000,000	4,500,000	
12	27	중역용의자	CJR	200	240,000	48,000,000	4,800,000	

합계금액	현금	수표	어음	외상미수금	이 금액을	○ 영수	함
102,300,000	45,000,000			57,300,000		◉ 청구	

(9) 12월 28일 김포컴퓨터(주)에서 업무용 컴퓨터 1대를 ₩1,000,000에 구입하고, 대금은 법인 KB카드로 결제하다. 단, 유형자산을 등록하시오.

자산코드	자산(명)	내용연수	상각방법	취득수량
302	데스크탑	5년	정률법	1대

3. 다음 기말(12월 31일) 결산 정리 사항을 회계 처리하고 마감하시오. 〈28점/각4점〉

(1) 소모품 미사용액 ₩950,000을 계상하다.

(2) 임차료 선급분을 계상하다. 단, 월할계산에 의한다.

(3) 결산일 현재 장기 투자 목적으로 보유중인 주식의 공정가치는 ₩42,000,000이다.

(4) 당해 연도 법인세등 총액 ₩8,800,000을 계상하다. 단, 이연법인세는 고려하지 않는다.

(5) 매출채권 잔액에 대해 1%의 대손충당금(보충법)을 설정하다.

(6) 모든 비유동자산에 대한 감가상각비를 계상하다.

(7) 기말상품재고액을 입력하고 결산 처리하다. 단, 재고평가는 선입선출법으로 한다.

4. 다음 사항을 조회하여 번호 순서대로 단답형 답안을 등록하시오. 〈12점/각2점〉

> ※ CAMP sERP는 [단답형답안작성]메뉴에서 답안을 등록 후 [저장]버튼을 클릭합니다.
> New sPLUS는 [답안수록]메뉴에서 답안을 등록 후 [답안저장]버튼을 클릭합니다.
> ※ 문자 외의 숫자는 ₩, 원, 월, 단위구분자(,) 등을 생략하고 숫자만 입력하되 소수점이 포함되어 있는 숫자의 경우에는 소수점을 입력합니다.
> (예시) 54200(○), 54,251(○), ₩54,200(×), 54,200원(×), 5월(×), 500개(×), 50건(×)

(1) 1월 1일부터 6월 30일까지 매출액이 가장 큰 거래처의 공급가액은 얼마인가?

(2) 2월 1일부터 5월 31일까지 중역용의자의 매입 수량이 가장 많은 월은 몇 월인가?

(3) 2021년 1기 부가가치세 확정신고 시 납부(환급)세액은 얼마인가?

(4) 4월 1일부터 7월 31일까지 현금으로 지출한 판매관리비가 가장 많은 월은 몇 월인가?

(5) 12월 31일 현재 한국채택국제회계기준(K-IFRS)에 의한 재무상태표에 표시되는 유동부채의 금액은 얼마인가?

(6) 1월 1일부터 12월 31일까지 한국채택국제회계기준(K-IFRS)에 의한 포괄손익계산서(기능별)에 표시되는 매출총이익의 금액은 얼마인가?

▶ [원가회계] 시작하기
CAMP sERP : 오른쪽 상단의 [사업장변경]버튼 클릭 → [사업장변경]메뉴에서 해당 사업장 선택 → [사업장변경]버튼 클릭
New sPLUS : 왼쪽 상단의 [회사코드]표시부분 클릭 → [회사코드]를 검색 → 해당 회사 선택

문제 2 원가회계

◎ 지시사항 : '(주)원터'의 거래 자료이며 회계연도는 2021.1.1~12.31이다.

1. 다음의 11월 원가계산 과정을 순서대로 처리하시오. 단, 임금 및 제조경비는 주어진 기초자료에 이미 처리되어 있다. 〈20점/각4점〉

(1) 11월 11일 다음의 작업지시서를 발행하고, 같은 날 주요자재를 출고하였다.

① 작업지시서 내용

지시일자	제품명	작업장	작업지시량	작업기간
11월 11일	갑제품	제1작업장	400(BOX)	11월 11일 ~ 11월 30일
11월 11일	을제품	제2작업장	160(BOX)	11월 11일 ~ 12월 06일

② 자재사용(출고)등록

갑제품 작업지시서 : 재료X 360Kg(제1작업장)

을제품 작업지시서 : 재료Y 200Kg, 재료Z 240Kg(제2작업장)

※ CAMP sERP는 자재사용출고등록을 (2)생산자료등록에서, New sPLUS는 자재출고입력에서 처리함.

(2) 11월 30일 작업지시서(11월 11일 발행)에 대해 다음과 같이 생산자료를 등록하다.

품목	완성량 (EA)	재공품		작업(투입)시간	작업장
		월말 수량(EA)	작업진행률 (완성도, %)		
갑제품	400	–	–	160	제1작업장
을제품	120	40	50%	200	제2작업장

※ New sPLUS는 완성도(작업진행률등록)를 (3)원가기준정보에서 처리함.

(3) 11월의 원가기준정보를 다음과 같이 등록하다.

① 노무비배부기준등록(총근무시간)

관련부문	생산1부	생산2부
총근무시간	200	240

② 보조부문비배부기준등록

관련부문	생산1부	생산2부
동력부	60	40
절단부	80	20

③ 작업진행률등록   [을제품 : 50%]   ※ **New sPLUS**에서만 적용함

(4) 11월의 실제원가계산을 작업하시오.

① 기초재공품계산   ② 직접재료비계산   ③ 직접노무비계산

④ 제조간접비계산(제조부문비배부기준 : 투입시간)

⑤ 개별원가계산   ⑥ 종합원가계산(평균법)   ⑦ 원가반영작업

(5) 11월의 원가계산 마감한 후 제조원가명세서를 조회하시오. 단, 원미만은 버림으로 처리한다.

▶ 답안저장하기 : 오른쪽 상단의 [종료 또는 로그아웃]버튼 클릭 → 답안파일 제출

| 05 | 대한상공회의소 제공(공개용 3회) |

GH20L01 국가기술자격검정

2021년도 상시 전산회계운용사 실기시험

2급	프로그램	제한시간
공개03형	CAMP sERP / New sPLUS	80분

─〈 유 의 사 항 〉─

- 시험은 반드시 주어진 문제의 순서대로 진행하여야 합니다.
- 지시사항에 따라 기초기업자료를 확인하고, 해당 기초기업자료가 나타나지 않는 경우는 감독 관에게 문의하시기 바랍니다.
- 기초기업자료를 선택하여 해당 문제를 풀이한 후 프로그램 종료 전 반드시 답안을 저장해야 합니다.
- 각종 코드는 문제에서 제시된 코드로 입력하여야 하며, 수험자가 임의로 부여한 코드는 오답 으로 처리합니다.
- 상품의 매입과 매출 거래 시에만 부가가치세를 고려한다.
- 계정과목을 입력할 때는 반드시 [검색] 기능이나 [조회] 기능을 이용하여 계정과목을 등록하 되 다음의 자산은 변경 후 계정과목(평가손익, 처분손익)을 적용합니다.

변경 전 계정과목	변경 후 계정과목
단기매매금융자산	당기손익-공정가치측정금융자산
매도가능금융자산	기타포괄손익-공정가치측정금융자산
만기보유금융자산	상각후원가측정금융자산

- 답안파일명은 자동으로 부여되므로 별도 답안파일을 작성할 필요가 없습니다.
  또한, 답안 저장 및 제출 시간은 별도로 주어지지 아니하므로 제한 시간 내에 답안 저장 및 제출을 완료해야 합니다.

---

1. 〈유의사항〉을 준수하지 않아 발생한 모든 책임은 수험자 책임으로 합니다.
2. 수험자는 문제지를 확인하고 문제지 표지와 각 페이지 형별, 총면수, 문제번호의 일련순서, 인 쇄상태 등을 확인하시고 이상이 있는 경우 즉시 감독관에게 교체를 요구하여야 합니다.
3. 시험 종료 후 반드시 문제지를 제출하여야 합니다. 문제지를 소지한 채 무단퇴실 하거나 제출 거부 또는 외부유출 시 부정행위자로 처리됩니다.
4. 부정행위를 한 수험자는 관련법에 따라 응시한 자격검정이 정지 및 무효 처리되며 차후 자격 검정에도 응시가 제한됩니다.

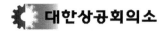

문제 1 **재무회계**

◎ **지시사항** : '홈센터(주)'의 거래 자료이며 회계연도는 2021.1.1~12.31이다.

1. 다음에 제시되는 기준정보를 입력하시오. 〈4점〉

(1) 다음의 신규 거래처를 등록하시오. (각1점)

거래처(명)	거래처분류(구분)	거래처코드	대표자	사업자등록번호	업태/종목
울릉가구(주)	매출처	3007	김정민	129-81-67897	도소매/사무용가구
파주가구(주)	매입처	2005	박동수	110-81-00664	제조/플라스틱가구

(2) 다음의 신규 상품(품목)을 등록하시오. (2점)

품목코드	품목(품명)	(상세)규격	품목종류(자산)	기본단위(단위명)
404	3단책장	GLS	상품	EA

2. 다음 거래를 입력하시오. 〈36점/각4점〉

(단, 채권·채무 및 금융 거래는 거래처 코드를 입력하고 각 문항별 한 개의 전표 번호로 입력한다.)

(1) 12월 5일 주주총회 결의에 따라 보통주 5,000주(액면금액 @₩5,000)를 1주당 ₩7,000에 매입하여 소각하고 대금은 기업은행 보통예금 계좌에서 이체하다.

(2) 12월 6일 장기 투자를 목적으로 유가증권시장에 상장된 (주)네오의 주식 8,000주(액면금액 @₩5,000)를 1주당 ₩4,000에 취득하고, 거래수수료 ₩200,000을 포함한 대금은 기업은행 보통예금계좌에서 이체하다. 단, 공정가치 변동은 기타포괄손익으로 표시한다.

(3) 12월 13일 상품을 매입하고 전자세금계산서를 발급받다. 대금 중 ₩45,000,000은 약속어음(어음번호: 가차90210001, 만기일: 2022년 2월 22일, 지급은행: 신한은행)을 발행하여 지급하고, 잔액은 외상으로 하다.

전자세금계산서(공급받는자 보관용)				승인번호	20211213-XXXX02111

공급자	등록번호	110-81-55742			공급받는자	등록번호	110-81-12345		
	상호	행운가구㈜	성명(대표자)	이행운		상호	홈센터(주)	성명(대표자)	김경영
	사업장주소	서울특별시 서대문구 가좌로 111				사업장주소	서울특별시 구로구 가마산로 134		
	업태	제조	종사업장번호			업태	도매 및 상품중개업	종사업장번호	
	종목	가구				종목	캐비넷/일반가구		
	E-Mail	avc123@kcci.com				E-Mail	abc123@exam.com		

작성일자	2021.12.13.	공급가액	54,500,000	세액	5,450,000

비고	

월	일	품목명	규격	수량	단가	공급가액	세액	비고
12	13	강화유리책상	SGT	170	250,000	42,500,000	4,250,000	
12	13	철재캐비넷	IRI	150	80,000	12,000,000	1,200,000	

합계금액	현금	수표	어음	외상미수금	이 금액을	○ 영수 ◉ 청구	함
59,950,000			45,000,000	14,950,000			

(4) 12월 14일 (주)그림가구의 어음(어음번호: 다카91025555, 발행일: 2021년 11월 12일, 만기일: 2022년 3월 12일, 지급은행: 신한은행)을 신한은행에서 할인하고, 할인료 ₩150,000을 제외한 대금은 신한은행 당좌예금계좌에 입금 받다. 단, 매각거래로 처리한다.

(5) 12월 19일 상품을 매출하기로 하고 계약금 ₩6,000,000을 기업은행 보통예금계좌에 입금 받다.

No.			견 적 서			

2021 년 12 월 19 일

기쁨가구(주)　　　　　　귀하

아래와 같이 견적합니다.

공급자	등 록 번 호	110-81-12345		
	상호(법인명)	홈센터㈜	성명	김 경 영 ㊞
	사업장주소	서울특별시 구로구 가마산로 134		
	업　　태	도매 및 상품중개업	종목	캐비넷/일반가구
	전 화 번 호			

합 계 금 액				사천구백오십만원整(₩49,500,000)		
품 명	규 격	수 량	단 가	공급가액	세액	
강화유리책상	SGT	100EA	450,000	45,000,000	4,500,000	

이 하 생 략

(6) 12월 20일   당월 종업원급여 ₩59,000,000 중 소득세 등 ₩5,100,000을 차감한 잔액을 기업은행 보통예금계좌에서 이체하다.

급여대장

2021년-12월분   홈센터(주)

번호	사원명	급여	국민연금	건강보험료	소득세	지방소득세	차감총액	실지불액
1	홍길동	2,500,000	112,500	87,500	75,000	7,500	282,500	2,217,500
2	김길순	2,700,000	121,050	94,500	81,000	8,100	304,650	2,395,350
					⋮				
합 계		59,000,000	1,810,000	1,288,000	1,820,000	182,000	5,100,000	53,900,000

(7) 12월 22일   상품을 매출하고 전자세금계산서를 발급하다. 대금은 하나카드로 결제 받다.

전자세금계산서(공급자 보관용)						승인번호		20211222-XXXX0128	
공급자	등록번호	110-81-12345			공급받는자	등록번호	204-81-13483		
	상호	홈센터(주)	성명(대표자)	김경영		상호	㈜용산사무가구	성명(대표자)	안용산
	사업장주소	서울특별시 구로구 가마산로 134				사업장주소	서울특별시 동대문구 왕산로 26		
	업태	도매 및 상품중개업	종사업장번호			업태	도소매	종사업장번호	
	종목	캐비넷/일반가구				종목	가구		
	E-Mail	abc123@exam.com				E-Mail	aabbcc@kcci.com		

작성일자	2021.12.22.	공급가액	37,600,000	세 액	3,760,000

	비고							
월	일	품목명	규격	수량	단가	공급가액	세액	비고
12	22	중역용의자	CJR	90	240,000	21,600,000	2,160,000	
12	22	철재캐비넷	IRI	100	160,000	16,000,000	1,600,000	

합계금액	현금	수표	어음	외상미수금	이 금액을	○ 영수	함
41,360,000				41,360,000		● 청구	

(8) 12월 26일   대륙부동산(주)에서 창고 건물 ₩12,000,000을 외상으로 구입하고, 취득세 ₩500,000은 현금으로 지급하다. 단, 유형자산을 등록하시오.

자산(코드)	자산(명)	취득수량	내용연수	상각방법
102	창고건물	1	20년	정액법

(9) 12월 27일 거래처에 증정할 목적으로 책장을 ₩850,000에 구매하고 대금은 법인 KB카드로 결제하다.

3. 다음 기말(12월 31일) 결산 정리 사항을 회계 처리하고 마감하시오. 〈28점/각4점〉

(1) 화재보험료 선급분을 계상하다. 단, 월할계산에 의한다.

(2) 장기대여금에 대한 이자 미수분 ₩250,000을 계상하다.

(3) 단기 시세 차익을 목적으로 보유중인 주식의 결산일 현재 공정가치는 ₩12,500,000이다.

(4) 퇴직급여부채를 계상하다. 전체 임직원 퇴직 시 필요한 퇴직금은 ₩53,000,000이며, 퇴직연금에 가입하지 않았다.

(5) 매출채권 잔액에 대해 1%의 대손충당금(보충법)을 설정하다.

(6) 모든 비유동자산에 대한 감가상각비를 계상하다.

(7) 기말상품재고액을 입력하고 결산 처리하다. 단, 재고평가는 선입선출법으로 한다.

4. 다음 사항을 조회하여 번호 순서대로 단답형 답안을 등록하시오. 〈12점/각2점〉

> ※ CAMP sERP는 [단답형답안작성]메뉴에서 답안을 등록 후 [저장]버튼을 클릭합니다.
> New sPLUS는 [답안수록]메뉴에서 답안을 등록 후 [답안저장]버튼을 클릭합니다.
> ※ 문자 외의 숫자는 ₩. 원. 월. 단위구분자(.) 등을 생략하고 숫자만 입력하되 소수점이 포함되어 있는 숫자의 경우에는 소수점을 입력합니다.
> (예시) 54200(○). 54.251(○). ₩54,200(×). 54,200원(×). 5월(×). 500개(×). 50건(×)

(1) 1월 1일부터 4월 30일까지 외상매입금 상환액은 얼마인가?

(2) 1월 1일부터 6월 30일까지 출고수량이 가장 많은 상품의 출고수량은 몇 개인가?

(3) 4월 1일부터 7월 31일까지 영업외비용이 가장 큰 월은 몇 월인가?

(4) 5월 31일 현재 전체 상품의 재고수량 합계는 몇 개인가?

(5) 12월 31일 현재 한국채택국제회계기준(K-IFRS)에 의한 재무상태표에 표시되는 비유동자산의 금액은 얼마인가?

(6) 1월 1일부터 12월 31일까지 한국채택국제회계기준(K-IFRS)에 의한 포괄손익계산서(기능별)에 표시되는 기타비용의 금액은 얼마인가?

▶ [원가회계] 시작하기

CAMP sERP : 오른쪽 상단의 [사업장변경]버튼 클릭 → [사업장변경]메뉴에서 해당 사업장 선택 → [사업장변경]버튼 클릭

New sPLUS : 왼쪽 상단의 [회사코드]표시부분 클릭 → [회사코드]를 검색 → 해당 회사 선택

문제 2 **원가회계**

◎ 지시사항 : '(주)원영산업'의 거래 자료이며 회계연도는 2021.1.1 ~ 12.31이다.

1. 다음의 11월 원가계산 과정을 순서대로 처리하시오. 단, 임금 및 제조경비는 주어진 기초자료에 이미 처리되어 있다. 〈20점/각4점〉

(1) 11월 10일 다음의 작업지시서를 발행하고, 같은 날 주요자재를 출고하였다.

① 작업지시서 내용

지시일자	제품명	작업장	작업지시량	작업기간
11월 10일	갑제품	제1작업장	240(BOX)	11월 10일 ~ 11월 30일
11월 10일	을제품	제2작업장	300(BOX)	11월 10일 ~ 12월 11일

② 자재사용(출고)등록

갑제품 작업지시서 : 재료X 100Kg, 재료Y 160Kg(제1작업장)

을제품 작업지시서 : 재료X 240Kg, 재료Z 160Kg(제2작업장)

※ **CAMP sERP**는 자재사용출고등록을 (2)생산자료등록에서, **New sPLUS**는 자재출고입력에서 처리함.

(2) 11월 30일 작업지시서(11월 10일 발행)에 대해 다음과 같이 생산자료를 등록하다.

품목	완성량 (EA)	재공품		작업(투입)시간	작업장
		월말 수량(EA)	작업진행률(완성도, %)		
갑제품	240	–	–	240	제1작업장
을제품	200	100	40%	160	제2작업장

※ **New sPLUS**는 완성도(작업진행률등록)를 (3)원가기준정보에서 처리함.

(3) 11월의 원가기준정보를 다음과 같이 등록하다.

① 노무비배부기준등록(총근무시간)

관련부문	생산1부	생산2부
총근무시간	320	200

② 보조부문비배부기준등록

관련부문	생산1부	생산2부
동력부	60	40
절단부	50	50

③ 작업진행률등록 [을제품 : 40%] ※ **New sPLUS**에서만 적용함

(4) 11월의 실제원가계산을 작업하시오.

① 기초재공품계산   ② 직접재료비계산   ③ 직접노무비계산

④ 제조간접비계산(제조부문비배부기준 : 투입시간)

⑤ 개별원가계산   ⑥ 종합원가계산(평균법)   ⑦ 원가반영작업

(5) 11월의 원가계산 마감한 후 제조원가명세서를 조회하시오. 단, 원미만은 버림으로 처리한다.

▶ 답안저장하기 : 오른쪽 상단의 [종료 또는 로그아웃]버튼 클릭 → 답안파일 제출

연습 및 기출문제 해답

연습 및 기출문제 해답

01 연습문제 해답(p.56)

1월 5일
(차) 차량유지비(제)　　520,000　　(대) 보통예금　　520,000

1월 8일
(차) 급　　여　　20,000,000　　(대) 보통예금　　19,500,000
　　　　　　　　　　　　　　　　　　예 수 금　　500,000

1월 13일

(차) 보통예금　　　　　　　　　　　(대) 당기손익-공정　　2,000,000
　　당기손익-공정가치측정　　1,500,000　　가치측정금융자산
　　금융자산처분손실　　550,000　　　현　금　　50,000

1월 15일
(차) 기부금　　2,000,000　　(대) 제품(타8)　　2,000,000

1월 22일
(차) 외상매입금(대전)　　800,000　　(대) 지급어음(대전)　　800,000

2월 11일

(차) 보통예금　　5,000,000　　(대) 외상매출금　　9,000,000
　　　　　　　　　　　　　　　　　　(우암상사)

2월 12일
(차) 미지급금(내덕부동산)　　5,000,000　　(대) 보증금　　5,000,000

2월 15일
(차) 외상매입금(충남)　　20,000,000　　(대) 받을어음(청주)　　10,000,000
　　　　　　　　　　　　　　　　　　보통예금　　10,000,000

2월 25일

(차) 수도광열비(판)	320,000	(대) 현 금	1,820,000
전 력 비(제)	1,500,000		

3월 13일

(차) 보통예금	2,200,000	(대) 외상매출금	2,400,000
외환차손	200,000	(ABC)	

3월 21일

(차) 건설중인자산	5,000,000	(대) 보통예금	5,000,000

5월 5일

(차) 당좌예금	900,000	(대) 선수금(오창상사)	900,000

5월 08일

(차) 당기손익-공정가치	20,000,000		
측정금융자산처분손실		(대) 현 금	20,100,000
수수료비용	100,000		

5월 18일

(차) 재해손실	10,000,000	(대) 제품(타3)	10,000,000

5월 20일

(차) 보증금	2,000,000	(대) 당좌예금	2,000,000

5월 25일

(차) 급 여	10,000,000	(대) 보통예금	9,500,000
		예 수 금	500,000

6월 05일

(차) 현 금	450,000	(대) 대손충당금	450,000

6월 13일

(차) 개 발 비	12,000,000	(대) 보통예금	12,000,000

6월 18일

(차) 보통예금	24,880,000	(대) 자 본 금	10,000,000
		주식발행초과금	14,880,000

6월 27일

(차) 선 급 금(충주)	2,000,000	(대) 당좌예금	2,000,000

7월 06일

(차) 수선비(제)	3,000,000	(대) 당좌예금	3,000,000

7월 08일

| (차) 투자부동산 | 30,000,000 | (대) 토 지 | 30,000,000 |

5월 20일

| (차) 보증금 | 2,000,000 | (대) 당좌예금 | 2,000,000 |

5월 25일

| (차) 급 여 | 10,000,000 | (대) 보통예금 | 9,500,000 |
| | | 예 수 금 | 500,000 |

02 기출문제 해답

(1) 전산회계운용사 2급(2020.05.17. 시행)

 이론 시험

1	2	3	4	5	6	7	8	9	10
①	④	④	④	②	②	②	③	③	④
11	12	13	14	15	16	17	18	19	20
④	③	①	③	④	②	②	③	①	②
21	22	23	24	25	26	27	28	29	30
③	②	④	②	③	④	③	④	①	②
31	32	33	34	35	36	37	38	39	40
③	④	②	③	②	③	③	④	④	①

(2) 전산회계운용사 2급(2020.10.09. 시행)

이론 시험

1	2	3	4	5	6	7	8	9	10
②	③	②	②	①	②	①	①	④	②
11	12	13	14	15	16	17	18	19	20
①	③	②	④	③	④	①	④	③	①
21	22	23	24	25	26	27	28	29	30
②	④	④	③	③	④	②	①	③	③
31	32	33	34	35	36	37	38	39	40
④	④	③	②	③	②	①	④	④	②

03 대한상공회의소 제공(공개용 1회 - 해답)

GH20L01 국가기술자격검정

2021년도 상시 전산회계운용사 실기시험

2급	프로그램	제한시간
공개01형	CAMP sERP / New sPLUS	80분

─〈 유 의 사 항 〉─

- 시험은 반드시 주어진 문제의 순서대로 진행하여야 합니다.
- 지시사항에 따라 기초기업자료를 확인하고, 해당 기초기업자료가 나타나지 않는 경우는 감독관에게 문의하시기 바랍니다.
- 기초기업자료를 선택하여 해당 문제를 풀이한 후 프로그램 종료 전 반드시 답안을 저장해야 합니다.
- 각종 코드는 문제에서 제시된 코드로 입력하여야 하며, 수험자가 임의로 부여한 코드는 오답으로 처리합니다.
- 상품의 매입과 매출 거래 시에만 부가가치세를 고려한다.
- 계정과목을 입력할 때는 반드시 [검색] 기능이나 [조회] 기능을 이용하여 계정과목을 등록하되 다음의 자산은 변경 후 계정과목(평가손익, 처분손익)을 적용합니다.

변경 전 계정과목	변경 후 계정과목
단기매매금융자산	당기손익-공정가치측정금융자산
매도가능금융자산	기타포괄손익-공정가치측정금융자산
만기보유금융자산	상각후원가측정금융자산

- 답안파일명은 자동으로 부여되므로 별도 답안파일을 작성할 필요가 없습니다.
  또한, 답안 저장 및 제출 시간은 별도로 주어지지 아니하므로 제한 시간 내에 답안 저장 및 제출을 완료해야 합니다.

─────────

1. 〈유의사항〉을 준수하지 않아 발생한 모든 책임은 수험자 책임으로 합니다.
2. 수험자는 문제지를 확인하고 문제지 표지와 각 페이지 형별, 총면수, 문제번호의 일련순서, 인쇄상태 등을 확인하시고 이상이 있는 경우 즉시 감독관에게 교체를 요구하여야 합니다.
3. 시험 종료 후 반드시 문제지를 제출하여야 합니다. 문제지를 소지한 채 무단퇴실 하거나 제출 거부 또는 외부유출 시 부정행위자로 처리됩니다.
4. 부정행위를 한 수험자는 관련법에 따라 응시한 자격검정이 정지 및 무효 처리되며 차후 자격검정에도 응시가 제한됩니다.

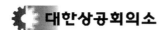

문제 1 **재무회계**

◎ 지시사항 : '라인가구(주)'의 거래 자료이며 회계연도는 2021.1.1~12.31이다.

1. 다음에 제시되는 기준정보를 입력하시오. 〈4점〉

(1) 다음의 신규 거래처를 등록하시오. (각1점)

거래처(명)	거래처분류(구분)	거래처코드	대표자	사업자등록번호	업태/종목
소방가구(주)	매출처	3007	김소방	120-81-63007	도소매/사무용가구
정직책상(주)	매입처	2005	고정직	126-81-98765	제조/목재가구

(2) 다음의 신규 상품(품목)을 등록하시오. (2점)

품목코드	품목(품명)	(상세)규격	품목종류(자산)	기본단위(단위명)
404	회의용탁자	TAS	상품	EA

2. 다음 거래를 입력하시오. 〈36점/각4점〉

(단, 채권·채무 및 금융 거래는 거래처 코드를 입력하고 각 문항별 한 개의 전표 번호로 입력한다.)

(1) 12월 3일 임시 주주총회 결의에 따라 유상증자를 실시하다. 보통주 15,000주(액면금액 @₩5,000, 발행금액 @₩8,000)를 발행하고, 주식발행 제비용 ₩800,000을 제외한 대금은 기업은행 보통예 금계좌로 납입 받다.

(2) 12월 5일 단기 매매 차익을 목적으로 보유하고 있는 주식 전체 2,000주 중 1,000주를 1주당 ₩4,000에 처분하고, 거래수수료 ₩45,000 을 제외한 대금은 기업은행 보통예금계좌로 입금 받다.

(3) 12월 12일 상품을 매입하고 전자세금계산서를 발급받다. 대금 중 ₩55,000,000은 약속어음(어음번호: 가차90210001, 만기일: 2022

년 2월 12일, 지급은행: 신한은행)을 발행하여 지급하다.

전자세금계산서(공급받는자 보관용)						승인번호		20211212-XXXX02111	

공급자

등록번호	113-81-27279			등록번호	110-81-12345		
상호	한국가구㈜	성명 (대표자)	김한국	상호	라인가구(주)	성명 (대표자)	김경영
사업장 주소	서울특별시 구로구 구로동로 10			사업장 주소	서울특별시 구로구 가마산로 134		
업태	제조	종사업장번호		업태	도매 및 상품중개업	종사업장번호	
종목	가구			종목	캐비넷/일반가구		
E-Mail	avc123@kcci.com			E-Mail	abc123@exam.com		

작성일자	2021.12.12.	공급가액	99,000,000	세 액	9,900,000
비고					

월	일	품목명	규격	수량	단가	공급가액	세액	비고
12	12	강화유리책상	SGT	300	250,000	75,000,000	7,500,000	
12	12	중역용의자	CJR	200	120,000	24,000,000	2,400,000	

합계금액	현금	수표	어음	외상미수금	이 금액을	○ 영수	함
108,900,000			55,000,000	53,900,000		● 청구	

(4) 12월 13일 행운가구(주)에 대한 외상매입금을 신한은행 당좌예금계좌에서 이체하다.

당좌예금 통장 거래 내역

신한은행

번호	날짜	내용	출금액	입금액	잔액	거래점
		계좌번호 1234-455-354233 라인가구(주)				
1	2021-12-13	행운가구(주)	22,000,000		***	***
		이 하 생 략				

	일	번호	구분	코드	계정과목	코드	거래처	적요	차변	대변
	13	00001	차변	251	외상매입금	02001	행운가구(주)		22,000,000	
	13	00001	대변	102	당좌예금	98000	신한은행			22,000,000

일자 2021 년 12 월 13 일 현금잔액 132,155,100원

(5) 12월 14일 전기에 대손처리하였던 (주)회생의 외상매출금 ₩1,200,000이 기업은행 보통예금계좌로 입금되다. 단, 부가가치세는 고려하지 않는다.

	일	번호	구분	코드	계정과목	코드	거래처	적요	차변	대변
	14	00001	차변	103	보통예금	98001	기업은행		1,200,000	
	14	00001	대변	109	대손충당금					1,200,000

일자 2021 년 12 월 14 일 현금잔액 132,155,100원

(6) 12월 18일 견적서에 따라 상품을 매입하기로 하고 계약금 ₩5,000,000을 자기앞수표로 지급하다.

견 적 서

No. _____

2021 년 12 월 18 일
라인가구(주)　　　　　　귀하

아래와 같이 견적합니다.

공급자	등 록 번 호	128-81-45677		
	상호(법인명)	㈜다산가구	성명	정다산 ㉑
	사 업 장 주 소	경기도 고양시 덕양구 중앙로 110		
	업 　 태	제조	종목	가구
	전 화 번 호			

합 계 금 액			오천오백만원整(₩55,000,000)	
품 명	규 격	수 량	단 가	공급가액	세액
강화유리책상	SGT	200EA	250,000	50,000,000	5,000,000

이 하 생 략

	일	번호	구분	코드	계정과목	코드	거래처	적요	차변	대변
□	18	00001	차변	131	선급금	02003	(주)다산가구		5,000,000	
□	18	00001	대변	101	현금					5,000,000

또는 (출금) 선급금 (다산가구) 5,000,000

(7) 12월 26일 상품을 매출하고 전자세금계산서를 발급하다. 대금 중 현금으로 받은 부분은 즉시 기업은행 보통예금계좌에 입금하다.

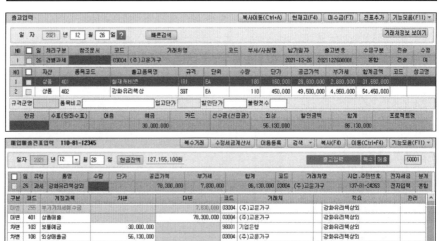

전자세금계산서(공급자 보관용)

승인번호 20211226-XXXX0125

공급자	등록번호	110-81-12345			공급받는자	등록번호	137-81-24263		
	상호	라인가구(주)	성명(대표자)	김경영		상호	㈜고운가구	성명(대표자)	나고운
	사업장주소	서울특별시 구로구 가마산로 134				사업장주소	인천광역시 서구 백범로 780		
	업태	도매 및 상품중개업	종사업장번호			업태	도소매	종사업장번호	
	종목	캐비넷/일반가구				종목	가구		
	E-Mail	abc123@exam.com				E-Mail	aabbcc@kcci.COM		

작성일자	2021.12.26.	공급가액	78,300,000	세액	7,830,000
비고					

월	일	품목명	규격	수량	단가	공급가액	세액	비고
12	26	철재캐비넷	IRI	180	160,000	28,800,000	2,880,000	
12	26	강화유리책상	SGT	110	450,000	49,500,000	4,950,000	

합계금액	현금	수표	어음	외상미수금	이 금액을	○ 영수 함
86,130,000	30,000,000			56,130,000		● 청구

(8) 12월 27일 연말 불우이웃돕기 성금 ₩1,800,000을 현금으로 지급하다.

일	번호	구분	코드	계정과목	코드	거래처	적요	차변	대변
27	00001	차변	933	기부금				1,800,000	
27	00001	대변	101	현금					1,800,000

또는 (출금) 기부금 1,800,000

(9) 12월 28일 투자목적으로 대륙부동산(주)에서 임대용 건물 ₩30,000,000
을 외상으로 취득하다. 단, 유형자산등록은 생략한다.

일	번호	구분	코드	계정과목	코드	거래처	적요	차변	대변
28	00001	차변	187	투자부동산				30,000,000	
28	00001	대변	253	미지급금	01004	대륙부동산(주)			30,000,000

3. 다음 기말(12월 31일) 결산 정리 사항을 회계 처리하고 마감하시오. 〈28점/각4점〉

(1) 소모품 사용액은 ₩35,510,000이다.

일	번호	구분	코드	계정과목	코드	거래처	적요	차변	대변
31	00001	차변	172	소모품				6,000,000	
31	00001	대변	830	소모품비					6,000,000

(2) 화재보험료 선급분을 계상하다. 단, 월할계산에 의한다.

일	번호	구분	코드	계정과목	코드	거래처	적요	차변	대변
31	00002	대변	821	보험료					9,090,000
31	00002	차변	133	선급비용				9,090,000	

(3) 결산일 현재 단기 시세 차익 목적으로 보유중인 주식의 공정가치는
₩5,750,000이다.

일	번호	구분	코드	계정과목	코드	거래처	적요	차변	대변
31	00003	차변	107	당기손익-공정가치측정금융자산				750,000	
31	00003	대변	905	당기손익-공정가치측정금융자산평가이익					750,000

(4) 12월 31일 현재 현금의 장부잔액보다 실제잔액이 ₩50,000 부족하며, 그
원인은 밝혀지지 않았다.

일반전표입력							어음등록	복사(F4)	이동(Ctrl+F4)	기간입력(Ctrl+8)	기능모음(F11)
일자 2021 년 12 월 31 일 현금잔액 125,305,100원											
□	일	번호	구분	코드	계정과목	코드	거래처	적요		차변		대변
□	31	00004	차변	960	잡손실					50,000		
□	31	00004	대변	101	현금							50,000

또는 (출금) 잡손실 50,000

(5) 매출채권 잔액에 대해 1%의 대손충당금(보충법)을 설정하다.

결산자료입력			전표추가(F3)	기능모음(F11)
결산일자 2021 년 01 ▼ 월 부터 2021 년 12 ▼ 월 까지				
과	목	결산분개금액	결산입력사항금액	결산금액(합계)
5). 대손상각			2,172,000	2,172,000
외상매출금			1,672,000	
받을어음			500,000	

일반전표입력							어음등록	복사(F4)	이동(Ctrl+F4)	기간입력(Ctrl+8)	기능모음(F11)
일자 2021 년 12 ▼ 월 31 일 현금잔액 125,305,100원										잉여 결손분개	
□	일	번호	구분	코드	계정과목	코드	거래처	적요		차변		대변
□	31	00007	결차	835	대손상각비			01 외상매출금의 대손		2,172,800		
□	31	00007	결대	109	대손충당금			04 대손충당금 설정				1,672,800
□	31	00007	결대	111	대손충당금			04 대손충당금 설정				500,000

또는 (차변) 대손상각비 2,172,800 (대변) (109) 대손충당금 1,672,800
　　　　　　　　　　　　　　　　　　　(111) 대손충당금   500,000

(6) 모든 비유동자산에 대한 감가상각비를 계상하다.

결산자료입력			전표추가(F3)	기능모음(F11)
결산일자 2021 년 01 ▼ 월 부터 2021 년 12 ▼ 월 까지				
과	목	결산분개금액	결산입력사항금액	결산금액(합계)
4). 감가상각비			16,796,592	16,796,592
건물			10,000,000	
차량운반구			5,165,410	
비품			1,631,182	

일반전표입력							어음등록	복사(F4)	이동(Ctrl+F4)	기간입력(Ctrl+8)	기능모음(F11)
일자 2021 년 12 ▼ 월 31 일 현금잔액 125,305,100원										잉여 결손분개	
□	일	번호	구분	코드	계정과목	코드	거래처	적요		차변		대변
□	31	00006	결차	818	감가상각비			01 당기말 감가상각비계상		16,796,592		
□	31	00006	결대	203	감가상각누계액			04 당기감가충당금 설정				10,000,000
□	31	00006	결대	209	감가상각누계액			04 당기감가충당금 설정				5,165,410
□	31	00006	결대	213	감가상각누계액			04 당기감가충당금 설정				1,631,182

또는 (차변) 감가상각비 16,796,592 (대변) (203) 감가상각누계액 10,000,000
　　　　　　　　　　　　　　　　　　(209) 감가상각누계액   5,165,410
　　　　　　　　　　　　　　　　　　(213) 감가상각누계액   1,631,182

(7) 기말상품재고액을 입력하고 결산 처리하다. 단, 재고평가는 선입선출법으로 한다.

또는 (차변) 상품매출원가 1,216,400,000 (대변) 상품 1,216,400,000

4. 다음 사항을 조회하여 번호 순서대로 단답형 답안을 등록하시오. 〈12점/각2점〉

> ※ CAMP sERP는 [단답형답안작성]메뉴에서 답안을 등록 후 [저장]버튼을 클릭합니다.
> New sPLUS는 [답안수록]메뉴에서 답안을 등록 후 [답안저장]버튼을 클릭합니다.
> ※ 문자 외의 숫자는 ₩, 원, 월, 단위구분자(,) 등을 생략하고 숫자만 입력하되 소수점이 포함되어 있는 숫자의 경우에는 소수점을 입력합니다.
> (예시) 54200(○), 54.251(○), ₩54,200(×), 54,200원(×), 5월(×), 500개(×), 50건(×)

(1) 1월 1일부터 4월 30일까지 중 판매관리비가 가장 많이 발생한 월은 몇 월인가? 3월

일/월계표

일계표	**월계표**

조회기간 2021 년 02 ▼ 월 ~ 2021 년 02 ▼ 월

차	변		계 정 과 목
계	대 체	현 금	
300,000,000	300,000,000		외 상 매 입 금
64,000,000	64,000,000		지 급 어 음
5,570,000	5,570,000		미 지 급 금
3,640,000		3,640,000	예 수 금
			부 가 가 치 세 예 수 금
			[매 출]
			상 품 매 출
69,794,000	69,580,000	214,000	[판 매 관 리 비]

일/월계표

일계표	**월계표**

조회기간 2021 년 03 ▼ 월 ~ 2021 년 03 ▼ 월

차	변		계 정 과 목
계	대 체	현 금	
			미 지 급 금
3,640,000		3,640,000	예 수 금
65,050,000	65,050,000		부 가 가 치 세 예 수 금
31,834,000	31,834,000		미 지 급 세 금
			[매 출]
			상 품 매 출
95,330,000	95,130,000	200,000	[판 매 관 리 비]

일/월계표

일계표	**월계표**

조회기간 2021 년 04 ▼ 월 ~ 2021 년 04 ▼ 월

차	변		계 정 과 목
계	대 체	현 금	
3,640,000		3,640,000	예 수 금
			부 가 가 치 세 예 수 금
			[매 출]
			상 품 매 출
77,010,400	72,634,500	4,375,900	[판 매 관 리 비]

(2) 1월 1일부터 5월 31일까지 철재캐비넷의 매입금액(부가가치세 제외)은 얼마인가? 136,000,000

(3) 4월 1일부터 7월 31일까지 보통예금 인출총액은 얼마인가? 704,723,500

(4) 6월 30일 현재 재고수량이 가장 많은 상품의 재고수량은 몇 개인가? 745

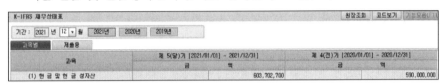

(5) 12월 31일 현재 한국채택국제회계기준(K-IFRS)에 의한 재무상태표에 표시되는 현금 및 현금성자산의 금액은 얼마인가? 603,702,700

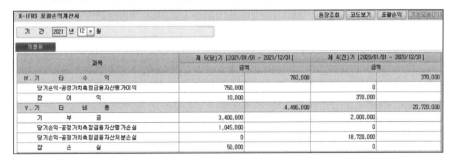

(6) 1월 1일부터 12월 31일까지 한국채택국제회계기준(K-IFRS)에 의한 포괄손익계산서(기능별)에 표시되는 기타비용의 금액은 얼마인가? 4,495,000

▶ [원가회계] 시작하기

CAMP sERP : 오른쪽 상단의 [사업장변경]버튼 클릭 → [사업장변경]메뉴에서 해당 사업장 선택 → [사업장변경]버튼 클릭

New sPLUS : 왼쪽 상단의 [회사코드]표시부분 클릭 → [회사코드]를 검색 → 해당 회사 선택

문제 2   **원가회계**

◎ 지시사항 : '(주)피스영'의 거래 자료이며 회계연도는 2021.1.1~12.31이다.

1. 다음의 11월 원가계산 과정을 순서대로 처리하시오. 단, 임금 및 제조경비는 주어진 기초자료에 이미 처리되어 있다. 〈20점/각4점〉

(1) 11월 8일   다음의 작업지시서를 발행하고, 같은 날 주요자재를 출고하였다.

① 작업지시서 내용

지시일자	제품명	작업장	작업지시량	작업기간
11월 08일	갑제품	제1작업장	120(BOX)	11월 08일 ~ 11월 30일
11월 08일	을제품	제2작업장	200(BOX)	11월 08일 ~ 12월 07일

② 자재사용(출고)등록

갑제품 작업지시서 : 재료X 200Kg, 재료Y 240Kg(제1작업장)

을제품 작업지시서 : 재료X 160Kg, 재료Z 160Kg(제2작업장)

※ **CAMP sERP**는 자재사용출고등록을 (2)생산자료등록에서, **New sPLUS**는 자재출고입력에서 처리함.

(2) 11월 30일 작업지시서(11월 8일 발행)에 대해 다음과 같이 생산자료를 등록하다.

품목	완성량(EA)	재공품		작업(투입)시간	작업장
		월말 수량(EA)	작업진행률(완성도, %)		
갑제품	120	–	–	200	제1작업장
을제품	100	100	40%	160	제2작업장

※ New sPLUS는 완성도(작업진행률등록)를 (3)원가기준정보에서 처리함.

(3) 11월의 원가기준정보를 다음과 같이 등록하다.

① 노무비배부기준등록(총근무시간)

관련부문	생산1부	생산2부
총근무시간	240	200

배부기준등록   당월데이터 생성 | 작업진행률등록 | 기능모음(F11)

노무비배분   보조부문배분

2021 년 11 ▼ 월

부서코드	부서명	작업부서총임금	총근무시간	총작업시간	임률
2100	생산1부	48,000,000	240	200	200,000
2200	생산2부	42,000,000	200	160	210,000

② 보조부문비배부기준등록

관련부문	생산1부	생산2부
동력부	60	40
절단부	50	50

③ 작업진행률등록　[을제품 : 40%]　※ New sPLUS에서만 적용함

(4) 11월의 실제원가계산을 작업하시오.

① 기초재공품계산

② 직접재료비계산

③ 직접노무비계산

직접노무비계산 가능모음(F11)

2021 년 11 월   제조간접비(부문별)

NO	작업지시번호	품목코드	품명	부서코드	부서명	투입시간	임율	직접노무비
1	2021110800001	401	갑제품	2100	생산1부	200	200,000	40,000,000
2	2021110800002	402	을제품	2200	생산2부	160	210,000	33,600,000

④ 제조간접비계산(제조부문비배부기준 : 투입시간)

제조간접비계산(부문별) 가능모음(F11)

2021 년 11 월   제조간접비(보조부문)

계정코드	계정명	제조부문		보조부문		합계
		생산1부	생산2부	동력부	절단부	
51100	복리후생비	10,000,000	12,000,000	18,000,000		40,000,000
51500	가스수도료	10,000,000	12,000,000	13,200,000		35,200,000
51600	전력비	18,000,000	15,000,000	24,000,000		57,000,000
52000	수선비		10,000,000		16,000,000	26,000,000
52100	보험료			12,000,000		12,000,000
52400	운반비				12,000,000	12,000,000
888	간접노무비	8,000,000	8,400,000	30,000,000	18,000,000	64,400,000

제조간접비계산(보조부문) 가능모음(F11)

2021 년 11 월   제조간접비(제조부문)

부서코드	부서명	제조부문		합계
		생산1부	생산2부	
3100	동력부	58,320,000	38,880,000	97,200,000
3200	절단부	23,000,000	23,000,000	46,000,000

제조간접비계산(제조부문) 가능모음(F11)

2021 년 11 월   제조부문비 배부기준 1. 투입시간   완성품원가조회

작업지시번호	제품코드	제품명	규격	단위	제조부문		합계
					생산1부	생산2부	
2021110800001	401	갑제품		BOX	127,320,000		127,320,000
+	402	을제품		BOX		119,280,000	119,280,000

⑤ 개별원가계산   ⑥ 종합원가계산(평균법)

완성품원가조회 가능모음(F11)

2021 년 11 월   원가계산방법(종합) 1. 평균법

작업지시번호	제품코드	제품명	[기초]직접재료비	[기초]직접노무비	[기초]제조간접비	[기초]합 계	완성품수량	총제조원가
			[당기]직접재료비	[당기]직접노무비	[당기]제조간접비	[당기]합 계		완성품제조원가
			[기말]직접재료비	[기말]직접노무비	[기말]제조간접비	[기말]합 계		단위당제조원가
2021110800001 개별	401	갑제품					120	264,920,000
			97,600,000	40,000,000	127,320,000	264,920,000		264,920,000
								2,207,667
+ 종합	402	을제품					100	223,280,000
			70,400,000	33,600,000	119,280,000	223,280,000		144,400,000
			35,200,000	9,600,000	34,080,000	78,880,000		1,444,000

⑦ 원가반영작업

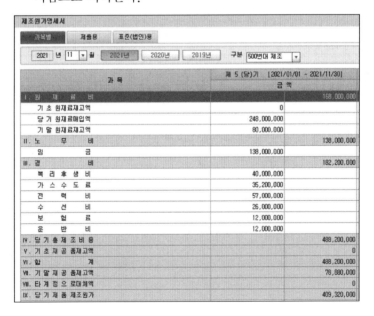

(5) 11월의 원가계산 마감한 후 제조원가명세서를 조회하시오. 단, 원미만은 버림으로 처리한다.

04 대한상공회의소 제공(공개용 2회 – 해답)

GH20L01 국가기술자격검정

2021년도 상시 전산회계운용사 실기시험

2급	프로그램	제한시간
공개02형	CAMP sERP / New sPLUS	80분

───〈 유 의 사 항 〉───

- 시험은 반드시 주어진 문제의 순서대로 진행하여야 합니다.
- 지시사항에 따라 기초기업자료를 확인하고, 해당 기초기업자료가 나타나지 않는 경우는 감독 관에게 문의하시기 바랍니다.
- 기초기업자료를 선택하여 해당 문제를 풀이한 후 프로그램 종료 전 반드시 답안을 저장해야 합니다.
- 각종 코드는 문제에서 제시된 코드로 입력하여야 하며, 수험자가 임의로 부여한 코드는 오답 으로 처리합니다.
- 상품의 매입과 매출 거래 시에만 부가가치세를 고려한다.
- 계정과목을 입력할 때는 반드시 [검색] 기능이나 [조회] 기능을 이용하여 계정과목을 등록하 되 다음의 자산은 변경 후 계정과목(평가손익, 처분손익)을 적용합니다.

변경 전 계정과목	변경 후 계정과목
단기매매금융자산	당기손익-공정가치측정금융자산
매도가능금융자산	기타포괄손익-공정가치측정금융자산
만기보유금융자산	상각후원가측정금융자산

- 답안파일명은 자동으로 부여되므로 별도 답안파일을 작성할 필요가 없습니다.
  또한, 답안 저장 및 제출 시간은 별도로 주어지지 아니하므로 제한 시간 내에 답안 저장 및 제출을 완료해야 합니다.

1. 〈유의사항〉을 준수하지 않아 발생한 모든 책임은 수험자 책임으로 합니다.
2. 수험자는 문제지를 확인하고 문제지 표지와 각 페이지 형별, 총면수, 문제번호의 일련순서, 인 쇄상태 등을 확인하시고 이상이 있는 경우 즉시 감독관에게 교체를 요구하여야 합니다.
3. 시험 종료 후 반드시 문제지를 제출하여야 합니다. 문제지를 소지한 채 무단퇴실 하거나 제출 거부 또는 외부유출 시 부정행위자로 처리됩니다.
4. 부정행위를 한 수험자는 관련법에 따라 응시한 자격검정이 정지 및 무효 처리되며 차후 자격 검정에도 응시가 제한됩니다.

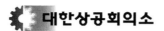
대한상공회의소

재무회계

◎ 지시사항 : '체어몰(주)'의 거래 자료이며 회계연도는 2021.1.1~12.31이다.

1. 다음에 제시되는 기준정보를 입력하시오. 〈4점〉

(1) 다음의 신규 거래처를 등록하시오. (각1점)

거래처(명)	거래처분류(구분)	거래처코드	대표자	사업자등록번호	업태/종목
스마트가구(주)	매출처	3007	김천석	109-81-11652	도소매/사무용가구
웨스턴가구(주)	매입처	2005	강구영	214-81-54327	제조/금속가구

(2) 다음의 신규 상품(품목)을 등록하시오. (2점)

품목코드	품목(품명)	(상세)규격	품목종류(자산)	기본단위(단위명)
404	식당용의자	STS	상품	EA

2. 다음 거래를 입력하시오. 〈36점/각4점〉

(단, 채권·채무 및 금융 거래는 거래처 코드를 입력하고 각 문항별 한 개의 전표 번호로 입력한다.)

(1) 12월 4일 상법에서 정하는 절차에 따라 자기주식 3,000주(액면금액 @ ₩5,000)를 1주당 ₩7,000에 매입하고, 신한은행 당좌예금계좌에서 이체하다.

(2) 12월 6일 단기 투자를 목적으로 코스닥시장에 상장된 (주)대박의 주식 3,000주(액면금액 @₩1,000)를 1주당 ₩4,000에 취득하다. 거래수수료 ₩50,000을 포함한 대금은 기업은행 보통예금계좌에서 이체하다.

(3) 12월 10일 지출결의서에 따라 해당 금액을 기업은행 보통예금계좌에서 납부하다.

지출결의서

2021년 12월 10일

결 재	계장	과장	부장
	대한	상공	회의

번호	내역	금액(원)	비고
1	11월분 소득세 등 원천 징수분	4,420,000	기업은행(보통) 인출
2	11월분 회사부담 건강보험료	1,600,000	기업은행(보통) 인출
	계	6,020,000	—

일반전표입력　　　　　어음등록　복사(F4)　이동(Ctrl+F4)　기간입력(Ctrl+8)　기능모음(F11) ▾

일자 2021 년 12 ▾ 월 10 일 현금잔액 132,155,100원

	일	번호	구분	코드	계정과목	코드	거래처	적요	차변	대변
☐	10	00001	차변	254	예수금				4,420,000	
☐	10	00001	차변	811	복리후생비				1,600,000	
☐	10	00001	대변	103	보통예금	98001	기업은행			6,020,000

(4) 12월 14일 대륙부동산(주)로부터 물류창고 부지를 구입하기로 하고 계약 금을 기업은행 보통예금계좌에서 이체하다.

보통예금 통장 거래 내역

기업은행

번호	날짜	내용	출금액	입금액	잔액	거래점
		계좌번호 999-789-01-998877 체어몰(주)				
1	2021-12-14	대륙부동산(주)	25,000,000		***	***
		이 하 생 략				

일반전표입력　　　　　어음등록　복사(F4)　이동(Ctrl+F4)　기간입력(Ctrl+8)　기능모음(F11) ▾

일자 2021 년 12 ▾ 월 14 일 현금잔액 132,155,100원

	일	번호	구분	코드	계정과목	코드	거래처	적요	차변	대변
☐	14	00001	차변	214	건설중인자산	01004	대륙부동산(주)		25,000,000	
☐	14	00001	대변	103	보통예금	98001	기업은행			25,000,000

(5) 12월 19일 거래처 이전을 축하하기 위하여 축하선물을 ₩1,200,000에 구 입하고 대금은 법인KB카드로 결제하다.

일반전표입력　　　　　어음등록　복사(F4)　이동(Ctrl+F4)　기간입력(Ctrl+8)　기능모음(F11) ▾

일자 2021 년 12 ▾ 월 19 일 현금잔액 132,155,100원

	일	번호	구분	코드	계정과목	코드	거래처	적요	차변	대변
☐	19	00001	차변	813	접대비				1,200,000	
☐	19	00001	대변	253	미지급금	99600	KB카드			1,200,000

(6) 12월 20일 상품을 매입하고 전자세금계산서를 발급받다. 대금 중 ₩40,000,000은 보관중인 (주)고운가구 발행의 약속어음(어음 번호: 다카10292222, 발행일: 2021년 11월 15일, 만기일: 2022년 3

월 15일, 지급은행: 신한은행)을 배서 양도하고, 잔액은 기업은행
보통예금 계좌에서 현금으로 인출하여 지급하다.

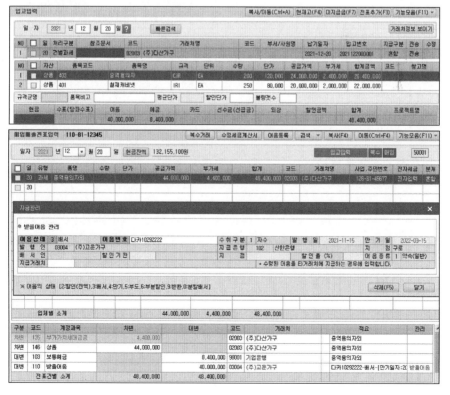

전자세금계산서(공급받는자 보관용)

승인번호	20211220-XXXX02111

공급자

등록번호	128-81-45677		
상호	(주)다산가구	성명(대표자)	정다산
사업장 주소	경기도 고양시 덕양구 중앙로 110		
업태	제조	종사업장번호	
종목	가구		
E-Mail	avc123@kcci.com		

공급받는자

등록번호	110-81-12345		
상호	체어몰(주)	성명(대표자)	김경영
사업장 주소	서울특별시 구로구 가마산로 134		
업태	도매 및 상품중개업	종사업장번호	
종목	캐비넷/일반가구		
E-Mail	abc123@exam.com		

작성일자	2021.12.20.	공급가액	44,000,000	세 액	4,400,000

월	일	품목명	규격	수량	단가	공급가액	세액	비고
12	20	중역용의자	CJR	200	120,000	24,000,000	2,400,000	
12	20	철재캐비넷	IRI	250	80,000	20,000,000	2,000,000	

합계금액	현금	수표	어음	외상미수금	이 금액을	● 영수 / ○ 청구	함
48,400,000	8,400,000		40,000,000				

(7) 12월 21일 직원 직무능력 향상을 위한 외부 강사료 ₩5,000,000 중 소득세 등 ₩440,000을 차감한 금액을 현금으로 지급하다.

	일	번호	구분	코드	계정과목	코드	거래처	적요	차변	대변
	21	00001	차변	825	교육훈련비				5,000,000	
	21	00001	대변	254	예수금					440,000
	21	00001	대변	101	현금					4,560,000

(8) 12월 27일 상품을 매출하고 전자세금계산서를 발급하다. 대금 중 ₩45,000,000은 현금으로 받아 신한은행 당좌예금 계좌에 입금하다.

전자세금계산서(공급자 보관용)

승인번호 20211227-XXXX0128

공급자

등록번호	110-81-12345		
상호	체어몰(주)	성명(대표자)	김경영
사업장 주소	서울특별시 구로구 가마산로 134		
업태	도매 및 상품중개업	종사업장번호	
종목	캐비넷/일반가구		
E-Mail	abc123@exam.com		

공급받는자

등록번호	109-14-45432		
상호	공주가구	성명(대표자)	이공주
사업장 주소	서울특별시 은평구 은평로 10		
업태	소매	종사업장번호	
종목	가구		
E-Mail	aabbcc@kcci.com		

작성일자	2021.12.27.	공급가액	93,000,000	세액	9,300,000
비고					

월	일	품목명	규격	수량	단가	공급가액	세액	비고
12	27	강화유리책상	SGT	100	450,000	45,000,000	4,500,000	
12	27	중역용의자	CJR	200	240,000	48,000,000	4,800,000	

합계금액	현금	수표	어음	외상미수금	이 금액을	○ 영수 / ● 청구 함
102,300,000	45,000,000			57,300,000		

(9) 12월 28일 김포컴퓨터(주)에서 업무용 컴퓨터 1대를 ₩1,000,000에 구입하고, 대금은 법인 KB카드로 결제하다. 단, 유형자산을 등록하시오.

자산코드	자산(명)	내용연수	상각방법	취득수량
302	데스크탑	5년	정률법	1대

3. 다음 기말(12월 31일) 결산 정리 사항을 회계 처리하고 마감하시오. ⟨28점/각4점⟩

(1) 소모품 미사용액 ₩950,000을 계상하다.

일자 2021 년 12 ▼ 월 31 일 현금잔액 127,595,100원								
□	일	번호	구분	코드	계정과목	코드	거래처	적요	차변	대변
□	31	00001	차변	172	소모품				950,000	
□	31	00001	대변	830	소모품비					950,000

(2) 임차료 선급분을 계상하다. 단, 월할계산에 의한다.

일자 2021 년 12 ▼ 월 31 일 현금잔액 127,595,100원								
□	일	번호	구분	코드	계정과목	코드	거래처	적요	차변	대변
□	31	00002	차변	133	선급비용				600,000	
□	31	00002	대변	819	임차료					600,000

(3) 결산일 현재 장기 투자 목적으로 보유중인 주식의 공정가치는 ₩42,000,000 이다.

일자 2021 년 12 ▼ 월 31 일 현금잔액 127,595,100원								
□	일	번호	구분	코드	계정과목	코드	거래처	적요	차변	대변
□	31	00003	대변	178	기타포괄손익-공정가치측정금융자산(비유동)					6,000,000
□	31	00003	차변	981	기타포괄손익-공정가치측정금융자산평가이익				4,000,000	
□	31	00003	차변	982	기타포괄손익-공정가치측정금융자산평가손실				2,000,000	

(4) 당해 연도 법인세등 총액 ₩8,800,000을 계상하다. 단, 이연법인세는 고려 하지 않는다.

일자 2021 년 12 ▼ 월 31 일 현금잔액 127,595,100원								
□	일	번호	구분	코드	계정과목	코드	거래처	적요	차변	대변
□	31	00004	차변	998	법인세등				8,800,000	
□	31	00004	대변	261	미지급세금					8,800,000

또는 (결차) 법인세등 8,800,000 (결대) 미지급세금 8,800,000

(5) 매출채권 잔액에 대해 1%의 대손충당금(보충법)을 설정하다.

결산일자 2021 년 01 ▼ 월 부터 2021 년 12 ▼ 월 까지			
과 목	결산분개금액	결산입력사항금액	결산금액(합계)
5). 대손상각		2,984,500	2,984,500
외상매출금		2,884,500	
받을어음		100,000	

일자 2021 년 12 ▼ 월 31 일 현금잔액 127,595,100원								
□	일	번호	구분	코드	계정과목	코드	거래처	적요	차변	대변
□	31	00007	결차	835	대손상각비			01 외상매출금의 대손	2,984,500	
□	31	00007	결대	109	대손충당금			04 대손충당금 설정		2,884,500
□	31	00007	결대	111	대손충당금			04 대손충당금 설정		100,000

또는 (차변) 대손상각비 2,984,500 (대변) (109) 대손충당금 2,884,500

(111) 대손충당금 100,000

(6) 모든 비유동자산에 대한 감가상각비를 계상하다.

결산자료입력			전표추가(F3)	기능모음(F11)

결 산 일 자 2021 년 01 ▼ 월 부터 2021 년 12 ▼ 월 까지

과	목	결산분개금액	결산입력사항금액	결산금액(합계)
4). 감가상각비			16,834,175	16,834,175
건물			10,000,000	
차량운반구			5,165,410	
비품			1,668,765	

일반전표입력			어음등록	복사(F4)	이동(Ctrl+F4)	기간입력(Ctrl+8)	기능모음(F11)

일자 2021 년 12 ▼ 월 31 일 현금잔액 127,595,100원

	일	번호	구분	코드	계정과목	코드	거래처	적요	차변	대변
☐	31	00006	결차	818	감가상각비			01 당기말 감가상각비계상	16,834,175	
☐	31	00006	결대	203	감가상각누계액			04 당기감가충당금 설정		10,000,000
☐	31	00006	결대	209	감가상각누계액			04 당기감가충당금 설정		5,165,410
☐	31	00006	결대	213	감가상각누계액			04 당기감가충당금 설정		1,668,765

또는 (차변) 감가상각비 16,834,175 (대변) (203) 감가상각누계액 10,000,000

(209) 감가상각누계액 5,165,410

(213) 감가상각누계액 1,668,765

(7) 기말상품재고액을 입력하고 결산 처리하다. 단, 재고평가는 선입선출법으로 한다.

결산자료입력			전표추가(F3)	기능모음(F11)

결 산 일 자 2021 년 01 ▼ 월 부터 2021 년 12 ▼ 월 까지

과	목	결산분개금액	결산입력사항금액	결산금액(합계)
2. 매출원가				1,223,500,000
상품매출원가		1,223,500,000		1,223,500,000
(1). 기초 상품 재고액			210,000,000	
(2). 당기 상품 매입액			1,266,000,000	
(10).기말 상품 재고액			252,500,000	

일반전표입력			어음등록	복사(F4)	이동(Ctrl+F4)	기간입력(Ctrl+8)	기능모음(F11)

일자 2021 년 12 ▼ 월 31 일 현금잔액 127,595,100원

	일	번호	구분	코드	계정과목	코드	거래처	적요	차변	대변
☐	31	00005	결차	451	상품매출원가			01 상품매출원가 대체	1,223,500,000	
☐	31	00005	결대	146	상품			04 상품매출원가 대체		1,223,500,000

또는 (차변) 상품매출원가 1,223,500,000 (대변) 상품 1,223,500,000

4. 다음 사항을 조회하여 번호 순서대로 단답형 답안을 등록하시오. 〈12점/각2점〉

> ※ CAMP sERP는 [단답형답안작성]메뉴에서 답안을 등록 후 [저장]버튼을 클릭합니다.
> New sPLUS는 [답안수록]메뉴에서 답안을 등록 후 [답안저장]버튼을 클릭합니다.
> ※ 문자 외의 숫자는 ₩, 원, 월, 단위구분자(,) 등을 생략하고 숫자만 입력하되 소수점이 포함되어 있는 숫자의 경우에는 소수점을 입력합니다.
> (예시) 54200(○), 54,251(○), ₩54,200(×), 54,200원(×), 5월(×), 500개(×), 50건(×)

(1) 1월 1일부터 6월 30일까지 매출액이 가장 큰 거래처의 공급가액은 얼마인가? 748,000,000

(2) 2월 1일부터 5월 31일까지 중역용의자의 매입 수량이 가장 많은 월은 몇 월인가? 5월

(3) 2021년 1기 부가가치세 확정신고 시 납부(환급)세액은 얼마인가? 36,650,000

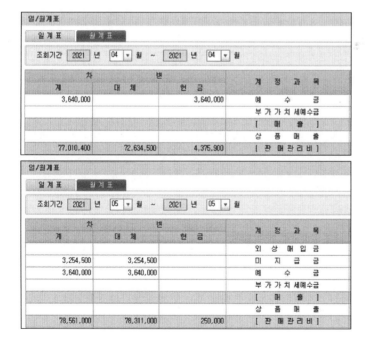

(4) 4월 1일부터 7월 31일까지 현금으로 지출한 판매관리비가 가장 많은 월
은 몇 월인가? 4월

부가가치세신고서

일반과세	사업장명세		매출세	76,400,000	매입세

기 간 : 2021 년 04 월 01 일 ~ 2021 년 06 월 30 일 ? 신고구분

구 분				금액	세율	세액
과세표준및매출세액	과세	세금계산서발급분	1	764,000,000	10/100	76,400,000
		매입자발행세금계산서	2		10/100	
		신용카드·현금영수증	3		10/100	
		기타	4		10/100	
	영세	세금계산서발급분	5		0/100	
		기타	6		0/100	
	예정신고누락분		7			
	대손세액가감		8			
	합계		9	764,000,000	㉮	76,400,000
매입세액	세금계산서수취부분	일반매입	10	397,500,000		39,750,000
		수출기업수입분납부유예	10-1			
		고정자산매입	11			
	예정신고누락분		12			
	매입자발행세금계산서		13			
	그밖의공제매입세액		14			
	합계 (10-(10-1)+11+12+13+14)		15	397,500,000		39,750,000
	공제받지못할매입세액		16			
	차감계 (15-16)		17	397,500,000	㉯	39,750,000
납부(환급)세액 (㉮매출세액-㉯매입세액)					㉰	36,650,000

일/월계표

일계표	월계표

조회기간 2021 년 04 ▼ 월 ~ 2021 년 04 ▼ 월

차 변			계 정 과 목
계	대 체	현 금	
3,640,000		3,640,000	예 수 금
			부 가 가 치 세 예 수 금
			[매 출]
			상 품 매 출
77,010,400	72,634,500	4,375,900	[판 매 관 리 비]

일/월계표

일계표	월계표

조회기간 2021 년 05 ▼ 월 ~ 2021 년 05 ▼ 월

차 변			계 정 과 목
계	대 체	현 금	
			외 상 매 입 금
3,254,500	3,254,500		미 지 급 금
3,640,000	3,640,000		예 수 금
			부 가 가 치 세 예 수 금
			[매 출]
			상 품 매 출
78,561,000	78,311,000	250,000	[판 매 관 리 비]

일/월계표

일계표 | **월계표**

조회기간 2021 년 06 ▼ 월 ~ 2021 년 06 ▼ 월

차 변			계 정 과 목
계	대 체	현 금	
76,400,000	76,400,000		부 가 가 치 세 예 수 금
			[매 출]
			상 품 매 출
68,199,000	68,087,000	112,000	[판 매 관 리 비]

일/월계표

일계표 | **월계표**

조회기간 2021 년 07 ▼ 월 ~ 2021 년 07 ▼ 월

차 변			계 정 과 목
계	대 체	현 금	
			[매 출]
			상 품 매 출
65,804,000	61,676,000	4,128,000	[판 매 관 리 비]

(5) 12월 31일 현재 한국채택국제회계기준(K-IFRS)에 의한 재무상태표에 표시되는 유동부채의 금액은 얼마인가? 635,946,000

K-IFRS 재무상태표   원장조회 코드보기 기능모음(F11)

기간 : 2021 년 12 ▼ 월 2021년 2020년 2019년

과목별 제출용

과목	제 5(당)기 [2021/01/01 ~ 2021/12/31] 금액	제 4(전)기 [2020/01/01 ~ 2020/12/31] 금액
I. 유 동 부 채	635,946,000	564,834,000

(6) 1월 1일부터 12월 31일까지 한국채택국제회계기준(K-IFRS)에 의한 포괄손익계산서(기능별)에 표시되는 매출총이익의 금액은 얼마인가? 1,086,000,000

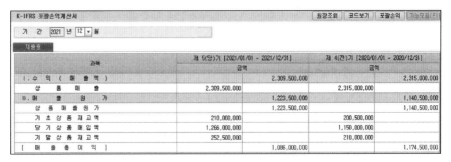

K-IFRS 포괄손익계산서   원장조회 코드보기 포괄손익 기능모음(F11)

기 간 2021 년 12 ▼ 월

제출용

과목	제 5(당)기 [2021/01/01 ~ 2021/12/31] 금액	제 4(전)기 [2020/01/01 ~ 2020/12/31] 금액
I. 수 익 (매 출 액)	2,309,500,000	2,315,000,000
상 품 매 출	2,309,500,000	2,315,000,000
II. 매 출 원 가	1,223,500,000	1,140,500,000
상 품 매 출 원 가	1,223,500,000	1,140,500,000
기 초 상 품 재 고 액	210,000,000	200,500,000
당 기 상 품 매 입 액	1,266,000,000	1,150,000,000
기 말 상 품 재 고 액	252,500,000	210,000,000
[매 출 총 이 익]	1,086,000,000	1,174,500,000

문제 2　**원가회계**

◎ 지시사항 : '(주)윈터'의 거래 자료이며 회계연도는 2021.1.1~12.31이다.

1. 다음의 11월 원가계산 과정을 순서대로 처리하시오. 단, 임금 및 제조경비는 주어진 기초자료에 이미 처리되어 있다. 〈20점/각4점〉

(1) 11월 11일　다음의 작업지시서를 발행하고, 같은 날 주요자재를 출고하였다.

① 작업지시서 내용

지시일자	제품명	작업장	작업지시량	작업기간
11월 11일	갑제품	제1작업장	400(BOX)	11월 11일 ~ 11월 30일
11월 11일	을제품	제2작업장	160(BOX)	11월 11일 ~ 12월 06일

② 자재사용-(출고)등록

갑제품 작업지시서 : 재료X 360Kg(제1작업장)

을제품 작업지시서 : 재료Y 200Kg, 재료Z 240Kg(제2작업장)

※ CAMP sERP는 자재사용출고등록을 (2)생산자료등록에서, New sPLUS는 자재출고입력에서 처리함.

(2) 11월 30일 작업지시서(11월 11일 발행)에 대해 다음과 같이 생산자료를 등록하다.

품목	완성량 (EA)	재공품		작업(투입)시간	작업장
		월말 수량(EA)	작업진행률 (완성도, %)		
갑제품	400	–	–	160	제1작업장
을제품	120	40	50%	200	제2작업장

※ New sPLUS는 완성도(작업진행률등록)를 (3)원가기준정보에서 처리함.

(3) 11월의 원가기준정보를 다음과 같이 등록하다.

① 노무비배부기준등록(총근무시간)

관련부문	생산1부	생산2부
총근무시간	200	240

배부기준등록

노무비배부 | 보조부문배분

2021 년 11 월

부서코드	부서명	작업부서총임금	총근무시간	총작업시간	임률
2100	생산1부	48,000,000	200	160	240,000
2200	생산2부	42,000,000	240	200	175,000

② 보조부문비배부기준등록

관련부문	생산1부	생산2부
동력부	60	40
절단부	80	20

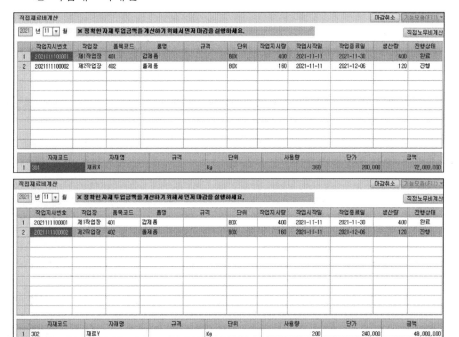

배부기준등록 보조부문 가져오기 작업진행률등록 기능모음(F11) ▾

노무배부분 | 보조부문배분

제조부문→ 보조부문↓	생산1부	생산2부	비고
동력부	60	40	
절단부	80	20	

③ 작업진행률등록 [을제품 : 50%] ※ New sPLUS에서만 적용함

작업진행률등록 기능모음(F11) ▾

2021 년 11 ▾ 월 기초재공품계산

NO	작업지시번호	품목코드	품명	규격	단위	작업지시량	생산량	재공량	진행률
1	2021111100002	402	을제품		BOX	160	120	40	50

(4) 11월의 실제원가계산을 작업하시오.

① 기초재공품계산

② 직접재료비계산

직접재료비계산 마감취소 기능모음(F11) ▾

2021 년 11 ▾ 월 ※ 정확한 자재 투입금액을 계산하기 위해서 먼저 마감을 실행하세요. 직접노무비계산

	작업지시번호	작업장	품목코드	품명	규격	단위	작업지시량	작업시작일	작업종료일	생산량	진행상태
1	2021111100001	제1작업장	401	갑제품		BOX	400	2021-11-11	2021-11-30	400	완료
2	2021111100002	제2작업장	402	을제품		BOX	160	2021-11-11	2021-12-06	120	진행

	자재코드	자재명	규격	단위	사용량	단가	금액
1	301	재료X		Kg	360	200,000	72,000,000

직접재료비계산 마감취소 기능모음(F11) ▾

2021 년 11 ▾ 월 ※ 정확한 자재 투입금액을 계산하기 위해서 먼저 마감을 실행하세요. 직접노무비계산

	작업지시번호	작업장	품목코드	품명	규격	단위	작업지시량	작업시작일	작업종료일	생산량	진행상태
1	2021111100001	제1작업장	401	갑제품		BOX	400	2021-11-11	2021-11-30	400	완료
2	2021111100002	제2작업장	402	을제품		BOX	160	2021-11-11	2021-12-06	120	진행

	자재코드	자재명	규격	단위	사용량	단가	금액
1	302	재료Y		Kg	200	240,000	48,000,000
2	303	재료Z		Kg	240	240,000	57,600,000

③ 직접노무비계산

직접노무비계산 기능모음(F11) ▾

2021 년 11 ▾ 월 제조간접비(부문별)

NO	작업지시번호	품목코드	품명	부서코드	부서명	투입시간	임율	직접노무비
1	2021111100001	401	갑제품	2100	생산1부	160	240,000	38,400,000
2	2021111100002	402	을제품	2200	생산2부	200	175,000	35,000,000

④ 제조간접비계산(제조부문비배부기준 : 투입시간)

제조간접비계산(부문별)

2021 년 11 월

제조간접비(보조부문)

| 계정코드 | 계정명 | 제조부문 | | 보조부문 | | 합계 |
		생산1부	생산2부	동력부	절단부	
51100	복리후생비	10,000,000	12,000,000	18,000,000		40,000,000
51500	가스수도료	10,000,000	12,000,000	13,200,000		35,200,000
51600	전력비	18,000,000	15,000,000	24,000,000		57,000,000
52000	수선비		10,000,000		16,000,000	26,000,000
52100	보험료			12,000,000		12,000,000
52400	운반비				12,000,000	12,000,000
BBB	간접노무비	9,600,000	7,000,000	30,000,000	18,000,000	64,600,000

제조간접비계산(보조부문)

2021 년 11 월

제조간접비(제조부문)

| 부서코드 | 부서명 | 제조부문 | | 합계 |
		생산1부	생산2부	
3100	동력부	58,320,000	38,880,000	97,200,000
3200	절단부	36,800,000	9,200,000	46,000,000

제조간접비계산(제조부문)

2021 년 11 월 제조부문비 배부기준 1. 투입시간

완성품원가조회

| 작업지시번호 | 제품코드 | 제품명 | 규격 | 단위 | 제조부문 | | 합계 |
					생산1부	생산2부	
2021111100001	401	갑제품	BOX	BOX	142,720,000		142,720,000
"	402	을제품	BOX			104,080,000	104,080,000

⑤ 개별원가계산   ⑥ 종합원가계산(평균법)

완성품원가조회

2021 년 11 월 원가계산방법(종합) 1. 평균법

작업지시번호	제품코드	제품명	[기초]직접재료비 [당기]직접재료비 [기말]직접재료비	[기초]직접노무비 [당기]직접노무비 [기말]직접노무비	[기초]제조간접비 [당기]제조간접비 [기말]제조간접비	[기초]합 계 [당기]합 계 [기말]합 계	완성품수량	출제조원가 완성품제조원가 단위당제조원가
2021111100001 개별	401	갑제품	72,000,000	38,400,000	142,720,000	253,120,000	400	253,120,000 253,120,000 632,800
" 종합	402	을제품	105,600,000 26,400,000	35,000,000 5,000,000	104,080,000 14,868,571	244,680,000 46,268,571	120	244,680,000 198,411,429 1,653,429

⑦ 원가반영작업

결산자료입력

전표추가(F3) 기능모음(F11)

결 산 일 자 2021 년 01 월 부터 2021 년 11 월 까지

과	목	결산분개금액	결산입력사항금액	결산금액(합계)
1. 매출액				
2. 매출원가				451,531,429
제품매출원가		451,531,429		451,531,429
1)원재료비				177,600,000
원재료비		177,600,000		177,600,000
(2). 당기 원재료 매입액			248,000,000	
(10).기말 원재료 재고액			70,400,000	
3)노 무 비				138,000,000
(1). 임금		138,000,000		
(2). 퇴직급여(전입액)				
(3). 퇴직연금충당금전입액				
7)경 비				182,200,000
(1). 복리후생비 외		182,200,000		182,200,000
복리후생비		40,000,000		
가스수도료		35,200,000		
전력비		57,000,000		
수선비		26,000,000		
보험료		12,000,000		
운반비		12,000,000		
8)당기 출제조비용				497,800,000
(4). 기말 재공품 재고액			46,268,571	

(5) 11월의 원가계산 마감한 후 제조원가명세서를 조회하시오. 단, 원미만은 버림으로 처리한다.

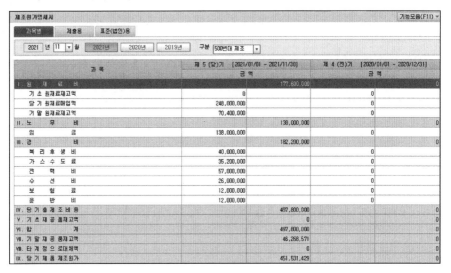

과 목	제 5 (당)기 [2021/01/01 ~ 2021/11/30] 금 액	제 4 (전)기 [2020/01/01 ~ 2020/12/31] 금 액
I . 원 재 료 비	177,600,000	0
기 초 원재료재고액	0	0
당 기 원재료매입액	248,000,000	0
기 말 원재료재고액	70,400,000	0
II . 노 무 비	138,000,000	0
임 금	138,000,000	0
III . 경 비	182,200,000	0
복 리 후 생 비	40,000,000	0
가 스 수 도 료	35,200,000	0
전 력 비	57,000,000	0
수 선 비	26,000,000	0
보 험 료	12,000,000	0
운 반 비	12,000,000	0
IV . 당 기 총 제 조 비 용	497,800,000	0
V . 기 초 재 공 품 재 고 액	0	0
VI . 합 계	497,800,000	0
VII . 기 말 재 공 품 재 고 액	46,268,571	0
VIII . 타 계 정 으 로 대 체 액	0	0
IX . 당 기 제 품 제 조 원 가	451,531,429	0

05 대한상공회의소 제공(공개용 3회 - 해답)

GH20L01   국가기술자격검정

2021년도 상시 전산회계운용사 실기시험

2급	프로그램	제한시간
공개03형	CAMP sERP / New sPLUS	80분

─〈 유 의 사 항 〉─

- 시험은 반드시 주어진 문제의 순서대로 진행하여야 합니다.
- 지시사항에 따라 기초기업자료를 확인하고, 해당 기초기업자료가 나타나지 않는 경우는 감독관에게 문의하시기 바랍니다.
- 기초기업자료를 선택하여 해당 문제를 풀이한 후 프로그램 종료 전 반드시 답안을 저장해야 합니다.
- 각종 코드는 문제에서 제시된 코드로 입력하여야 하며, 수험자가 임의로 부여한 코드는 오답으로 처리합니다.
- 상품의 매입과 매출 거래 시에만 부가가치세를 고려한다.
- 계정과목을 입력할 때는 반드시 [검색] 기능이나 [조회] 기능을 이용하여 계정과목을 등록하되 다음의 자산은 변경 후 계정과목(평가손익, 처분손익)을 적용합니다.

변경 전 계정과목	변경 후 계정과목
단기매매금융자산	당기손익-공정가치측정금융자산
매도가능금융자산	기타포괄손익-공정가치측정금융자산
만기보유금융자산	상각후원가측정금융자산

- 답안파일명은 자동으로 부여되므로 별도 답안파일을 작성할 필요가 없습니다.
  또한, 답안 저장 및 제출 시간은 별도로 주어지지 아니하므로 제한 시간 내에 답안 저장 및 제출을 완료해야 합니다.

---

1. 〈유의사항〉을 준수하지 않아 발생한 모든 책임은 수험자 책임으로 합니다.
2. 수험자는 문제지를 확인하고 문제지 표지와 각 페이지 형별, 총면수, 문제번호의 일련순서, 인쇄상태 등을 확인하시고 이상이 있는 경우 즉시 감독관에게 교체를 요구하여야 합니다.
3. 시험 종료 후 반드시 문제지를 제출하여야 합니다. 문제지를 소지한 채 무단퇴실 하거나 제출거부 또는 외부유출 시 부정행위자로 처리됩니다.
4. 부정행위를 한 수험자는 관련법에 따라 응시한 자격검정이 정지 및 무효 처리되며 차후 자격검정에도 응시가 제한됩니다.

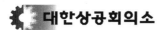

문제 1 **재무회계**

◎ 지시사항 : '홈센터(주)'의 거래 자료이며 회계연도는 2021.1.1~12.31이다.

---

1. 다음에 제시되는 기준정보를 입력하시오. 〈4점〉

(1) 다음의 신규 거래처를 등록하시오. (각1점)

거래처(명)	거래처분류(구분)	거래처코드	대표자	사업자등록번호	업태/종목
울릉가구(주)	매출처	3007	김정민	129-81-67897	도소매/사무용가구
파주가구(주)	매입처	2005	박동수	110-81-00664	제조/플라스틱가구

	코드	거래처		사업자등록번호	대표자	구분	사용
1	01001	(주)고양	0	119-86-14291	고영회	전체	○
2	01002	현길(주)	0	111-81-78525	김현길	전체	○
3	01003	김포컴퓨터(주)	0	109-81-44662	오인영	전체	○
4	01004	대륙부동산(주)	0	201-81-36361	김대륙	전체	○
5	02001	행운가구(주)	0	110-81-55742	이행운	매입	○
6	02002	(주)가람가구	0	106-81-33278	오가람	매입	○
7	02003	(주)다산가구	0	128-81-45677	정다산	매입	○
8	02004	한국가구(주)	0	113-81-27229	김한국	매입	○
9	02005	파주가구(주)	0	110-81-00664	박동수	매입	○
10	03001	기쁨가구(주)	0	110-81-77557	장기쁨	매출	○
11	03002	(주)용산사무가구	0	204-81-13483	안용산	매출	○
12	03003	(주)그림가구	0	128-81-53954	강그림	매출	○
13	03004	(주)고운가구	0	137-81-24263	나고운	매출	○
14	03005	(주)회생	0	110-81-77222	김주광	매출	○
15	03006	공주가구	0	109-14-45432	이공주	매출	○
16	03007	울릉가구(주)	0	129-81-67897	김정민	매출	○

기본사항 추가사항

1. 사 업 자 등 록 번 호   129-81-67897
2. 주 민 등 록 번 호   _____-_____
3. 대 표 자 성 명   김정민
4. 업   태   도소매
5. 종   목   사무용가구
6. 우 편 번 호   [ ] ?
7. 사 업 장 주 소
8. 전 화 번 호   [ ] - [ ]
9. 팩 스 번 호   [ ] - [ ]
10. 담당(부서)사원   [ ] ?
11. 거 래 처 분 류   [ ] ?
12. 사업자단위 주 사업장여부

	코드	거래처		사업자등록번호	대표자	구분	사용
1	01001	(주)고양	0	119-86-14291	고영회	전체	○
2	01002	현길(주)	0	111-81-78525	김현길	전체	○
3	01003	김포컴퓨터(주)	0	109-81-44662	오인영	전체	○
4	01004	대륙부동산(주)	0	201-81-36361	김대륙	전체	○
5	02001	행운가구(주)	0	110-81-55742	이행운	매입	○
6	02002	(주)가람가구	0	106-81-33278	오가람	매입	○
7	02003	(주)다산가구	0	128-81-45677	정다산	매입	○
8	02004	한국가구(주)	0	113-81-27229	김한국	매입	○
9	02005	파주가구(주)	0	110-81-00664	박동수	매입	○

기본사항 추가사항

1. 사 업 자 등 록 번 호   110-81-00664
2. 주 민 등 록 번 호   _____-_____
3. 대 표 자 성 명   박동수
4. 업   태   제조
5. 종   목   플라스틱가구
6. 우 편 번 호   [ ] ?
7. 사 업 장 주 소

(2) 다음의 신규 상품(품목)을 등록하시오. (2점)

품목코드	품목(품명)	(상세)규격	품목종류(자산)	기본단위(단위명)
404	3단책장	GLS	상품	EA

2. 다음 거래를 입력하시오. 〈36점/각4점〉

(단, 채권 · 채무 및 금융 거래는 거래처 코드를 입력하고 각 문항별 한 개의 전표 번호로 입력한다.)

(1) 12월 5일 주주총회 결의에 따라 보통주 5,000주(액면금액 @₩5,000)를 1 주당 ₩7,000에 매입하여 소각하고 대금은 기업은행 보통예금 계좌에서 이체하다.

□	일	번호	구분	코드	계정과목	코드	거래처	적요	차변	대변
□	5	00001	차변	331	보통주자본금				25,000,000	
□	5	00001	대변	103	보통예금	98001	기업은행			35,000,000
□	5	00001	차변	342	감자차익				10,000,000	

(2) 12월 6일 장기 투자를 목적으로 유가증권시장에 상장된 (주)네오의 주식 8,000주(액면금액 @₩5,000)를 1주당 ₩4,000에 취득하고, 거래수수료 ₩200,000을 포함한 대금은 기업은행 보통예금계좌에서 이체하다. 단, 공정가치 변동은 기타포괄손익으로 표시한다.

□	일	번호	구분	코드	계정과목	코드	거래처	적요	차변	대변
□	6	00001	차변	178	기타포괄손익-공정가치측정금융자산(비유동)				32,200,000	
□	6	00001	대변	103	보통예금	98001	기업은행			32,200,000

(3) 12월 13일 상품을 매입하고 전자세금계산서를 발급받다. 대금 중 ₩45,000,000은 약속어음(어음번호: 가차90210001, 만기일: 2022년 2월 22일, 지급은행: 신한은행)을 발행하여 지급하고, 잔액은 외상으로 하다.

전자세금계산서(공급받는자 보관용)				승인번호	20211213-XXXX02111		

공급자	등록번호	110-81-55742			공급받는자	등록번호	110-81-12345	
	상호	행운가구㈜	성명(대표자)	이행운		상호	홈센터(주)	성명(대표자)	김경영
	사업장주소	서울특별시 서대문구 가좌로 111				사업장주소	서울특별시 구로구 가마산로 134	
	업태	제조	종사업장번호			업태	도매 및 상품중개업	종사업장번호
	종목	가구				종목	캐비넷/일반가구	
	E-Mail	avc123@kcci.com				E-Mail	abc123@exam.com	

작성일자	2021.12.13.	공급가액	54,500,000	세 액	5,450,000
비고					

월	일	품목명	규격	수량	단가	공급가액	세액	비고
12	13	강화유리책상	SGT	170	250,000	42,500,000	4,250,000	
12	13	철재캐비넷	IRI	150	80,000	12,000,000	1,200,000	

합계금액	현금	수표	어음	외상미수금	이 금액을	○ 영수 ● 청구	함
59,950,000			45,000,000	14,950,000			

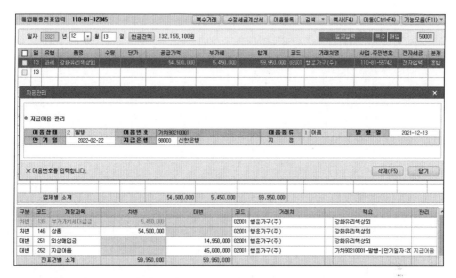

(4) 12월 14일 (주)그림가구의 어음(어음번호: 다카91025555, 발행일: 2021년 11
월 12일, 만기일: 2022년 3월 12일, 지급은행: 신한은행)을 신한은
행에서 할인하고, 할인료 ₩150,000을 제외한 대금은 신한은
행 당좌예금계좌에 입금 받다. 단, 매각거래로 처리한다.

일	번호	구분	코드	계정과목	코드	거래처	적요	차변	대변
14	00001	차변	102	당좌예금	98000	신한은행		34,850,000	
14	00001	대변	110	받을어음	03003	(주)그림가구			35,000,000
14	00001	차변	936	매출채권처분손실				150,000	

(5) 12월 19일 상품을 매출하기로 하고 계약금 ₩6,000,000을 기업은행 보통
예금계좌에 입금 받다.

No. _____

견 적 서

2021 년 12 월 19 일
기쁨가구(주)   귀하

아래와 같이 견적합니다.

공급자	등 록 번 호	110-81-12345		
	상호(법인명)	홈센터㈜	성명	김 경 영 ㉑
	사업장주소	서울특별시 구로구 가마산로 134		
	업 태	도매 및 상품중개업	종목	캐비넷/일반가구
	전 화 번 호			

합 계 금 액			사천구백오십만원整(₩49,500,000)		
품 명	규격	수량	단 가	공급가액	세액
강화유리책상	SGT	100EA	450,000	45,000,000	4,500,000

이 하 생 략

	일	번호	구분	코드	계정과목	코드	거래처	적요	차변	대변
	19	00001	차변	103	보통예금	98001	기업은행		6,000,000	
	19	00001	대변	259	선수금	03001	가붕가구(주)			6,000,000

일자 2021 **년** 12 **월** 19 **일** **현금잔액** 132,155,100원

(6) 12월 20일 당월 종업원급여 ₩59,000,000 중 소득세 등 ₩5,100,000을 차
감한 잔액을 기업은행 보통예금계좌에서 이체하다.

급여대장

2021년–12월분   홈센터(주)

번호	사원명	급여	국민연금	건강보험료	소득세	지방소득세	차감총액	실지불액
1	홍길동	2,500,000	112,500	87,500	75,000	7,500	282,500	2,217,500
2	김길순	2,700,000	121,050	94,500	81,000	8,100	304,650	2,395,350
					⋮			
합 계		59,000,000	1,810,000	1,288,000	1,820,000	182,000	5,100,000	53,900,000

일자 2021 **년** 12 **월** 20 **일** **현금잔액** 132,155,100원

	일	번호	구분	코드	계정과목	코드	거래처	적요	차변	대변
	20	00001	차변	802	종업원급여				59,000,000	
	20	00001	대변	254	예수금					5,100,000
	20	00001	대변	103	보통예금	98001	기업은행			53,900,000

(7) 12월 22일 상품을 매출하고 전자세금계산서를 발급하다. 대금은 하나카
드로 결제 받다.

전자세금계산서(공급자 보관용)

승인번호   20211222–XXXX0128

공급자	등록번호	110–81–12345			공급받는자	등록번호	204–81–13483		
	상호	홈센터(주)	성명(대표자)	김경영		상호	㈜용산사무가구	성명(대표자)	안용산
	사업장주소	서울특별시 구로구 가마산로 134				사업장주소	서울특별시 동대문구 왕산로 26		
	업태	도매 및 상품중개업	종사업장번호			업태	도소매	종사업장번호	
	종목	캐비닛/일반가구				종목	가구		
	E-Mail	abc123@exam.com				E-Mail	aabbcc@kcci.com		

작성일자	2021.12.22.	공급가액	37,600,000	세 액	3,760,000
비고					

월	일	품목명	규격	수량	단가	공급가액	세액	비고
12	22	중역용의자	CJR	90	240,000	21,600,000	2,160,000	
12	22	철재캐비넷	IRI	100	160,000	16,000,000	1,600,000	

합계금액	현금	수표	어음	외상미수금	이 금액을	○ 영수	함
41,360,000				41,360,000		◉ 청구	

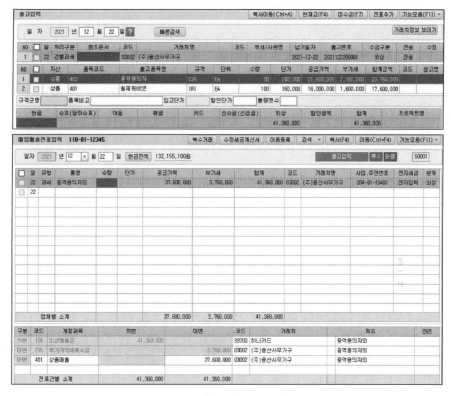

(8) 12월 26일 대륙부동산(주)에서 창고 건물 ₩12,000,000을 외상으로 구입
하고, 취득세 ₩500,000은 현금으로 지급하다. 단, 유형자산을
등록하시오.

자산(코드)	자산(명)	취득수량	내용연수	상각방법
102	창고건물	1	20년	정액법

(9) 12월 27일 거래처에 증정할 목적으로 책장을 ₩850,000에 구매하고 대금
은 법인 KB카드로 결제하다.

	일	번호	구분	코드	계정과목	코드	거래처	적요	차변	대변
	27	00001	차변	813	접대비				850,000	
	27	00001	대변	253	미지급금	99600	KB카드			850,000

3. 다음 기말(12월 31일) 결산 정리 사항을 회계 처리하고 마감하시오. 〈28점/각4점〉

(1) 화재보험료 선급분을 계상하다. 단, 월할계산에 의한다.

	일	번호	구분	코드	계정과목	코드	거래처	적요	차변	대변
	31	00001	차변	133	선급비용				9,090,000	
	31	00001	대변	821	보험료					9,090,000

(2) 장기대여금에 대한 이자 미수분 ₩250,000을 계상하다.

	일	번호	구분	코드	계정과목	코드	거래처	적요	차변	대변
	31	00002	차변	116	미수수익				250,000	
	31	00002	대변	901	이자수익					250,000

(3) 단기 시세 차익을 목적으로 보유중인 주식의 결산일 현재 공정가치는 ₩12,500,000이다.

	일	번호	구분	코드	계정과목	코드	거래처	적요	차변	대변
	31	00003	차변	107	당기손익-공정가치측정금융자산				2,500,000	
	31	00003	대변	905	당기손익-공정가치측정금융자산평가이익					2,500,000

(4) 퇴직급여부채를 계상하다. 전체 임직원 퇴직 시 필요한 퇴직금은 ₩53,000,000이며, 퇴직연금에 가입하지 않았다.

	일	번호	구분	코드	계정과목	코드	거래처	적요	차변	대변
	31	00004	차변	806	퇴직급여				8,000,000	
	31	00004	대변	295	퇴직급여부채					8,000,000

(5) 매출채권 잔액에 대해 1%의 대손충당금(보충법)을 설정하다.

결산일자 2021 년 01 월 부터 2021 년 12 월 까지

과	목	결산분개금액	결산입력사항금액	결산금액(합계)
5). 대손상각			2,875,100	2,875,100
	외상매출금		2,725,100	
	받을어음		150,000	
	미수수익			

	일	번호	구분	코드	계정과목	코드	거래처	적요	차변	대변
	31	00007	결차	835	대손상각비			01 외상매출금의 대손	2,875,100	
	31	00007	결대	109	대손충당금			04 대손충당금 설정		2,725,100
	31	00007	결대	111	대손충당금			04 대손충당금 설정		150,000

또는 (차변) 대손상각비 2,875,100 (대변) (109) 대손충당금 2,725,100
                                                         (111) 대손충당금   150,000

(6) 모든 비유동자산에 대한 감가상각비를 계상하다.

결산일자 2021 년 01 월 부터 2021 년 12 월 까지

과	목	결산분개금액	결산입력사항금액	결산금액(합계)
4). 감가상각비			16,848,675	16,848,675
	건물		10,052,083	
	차량운반구		5,165,410	
	비품		1,631,182	

	일	번호	구분	코드	계정과목	코드	거래처	적요	차변	대변
	31	00006	결차	818	감가상각비			01 당기말 감가상각비계상	16,848,675	
	31	00006	결대	203	감가상각누계액			04 당기감가충당금 설정		10,052,083
	31	00006	결대	209	감가상각누계액			04 당기감가충당금 설정		5,165,410
	31	00006	결대	213	감가상각누계액			04 당기감가충당금 설정		1,631,182

또는 (차변) 감가상각비 16,848,675 (대변) (203) 감가상각누계액 10,052,083

(209) 감가상각누계액   5,165,410

(213) 감가상각누계액   1,631,182

(7) 기말상품재고액을 입력하고 결산 처리하다. 단, 재고평가는 선입선출법으로 한다.

결산자료입력			전표추가(F3) 기능모음(F11)
결 산 일 자 2021 년 01 ▼ 월 부터 2021 년 12 ▼ 월 까지			
과 목	결산분개금액	결산입력사항금액	결산금액(합계)
2. 매출원가			1,193,300,000
상품매출원가	1,193,300,000		1,193,300,000
(1). 기초 상품 재고액		210,000,000	
(2). 당기 상품 매입액		1,276,500,000	
(10).기말 상품 재고액		293,200,000	

일반전표입력					어음등록 복사(F4) 이동(Ctrl+F4) 기간입력(Ctrl+8) 기능모음(F11)			
일자 2021 년 12 ▼ 월 31 일 현금잔액 131,655,100원							결산분개	
□ 일 번호 구분	코드	계정과목	코드	거래처	적요	차변	대변	
□ 31 00005 결차 451 상품매출원가					01 상품매출원가 대체	1,193,300,000		
□ 31 00005 결대 146 상품					04 상품매출원가 대체		1,193,300,000	

또는 (차변) 상품매출원가 1,193,300,000 (대변) 상품 1,193,300,000

4. 다음 사항을 조회하여 번호 순서대로 단답형 답안을 등록하시오. 〈12점/각2점〉

> ※ CAMP sERP는 [단답형답안작성]메뉴에서 답안을 등록 후 [저장]버튼을 클릭합니다.
> New sPLUS는 [답안수록]메뉴에서 답안을 등록 후 [답안저장]버튼을 클릭합니다.
> ※ 문자 외의 숫자는 ₩, 원, 월, 단위구분자(,) 등을 생략하고 숫자만 입력하되 소수점이 포함되어 있는 숫자의 경우에는 소수점을 입력합니다.
> (예시) 54200(○), 54.251(○), ₩54,200(×), 54,200원(×), 5월(×), 500개(×), 50건(×)

(1) 1월 1일부터 4월 30일까지 외상매입금 상환액은 얼마인가? 500,000,000

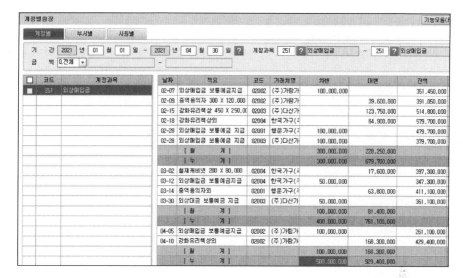

(2) 1월 1일부터 6월 30일까지 출고수량이 가장 많은 상품의 출고수량은 몇 개인가? 1,950

(3) 4월 1일부터 7월 31일까지 영업외비용이 가장 큰 월은 몇 월인가? 7월

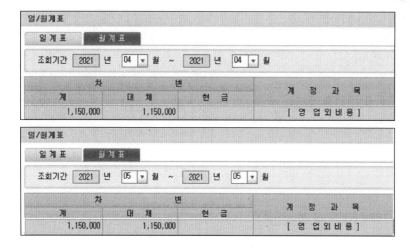

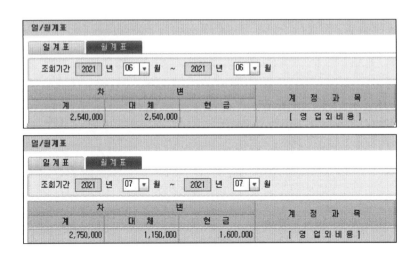

(4) 5월 31일 현재 전체 상품의 재고수량 합계는 몇 개인가? 2,195

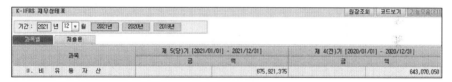

(5) 12월 31일 현재 한국채택국제회계기준(K-IFRS)에 의한 재무상태표에 표시 되는 비유동자산의 금액은 얼마인가? 675,921,375

과목	제 5(당)기 [2021/01/01 - 2021/12/31] 금액	제 4(전)기 [2020/01/01 - 2020/12/31] 금액
Ⅱ. 비 유 동 자 산	675,921,375	643,070,050

(6) 1월 1일부터 12월 31일까지 한국채택국제회계기준(K-IFRS)에 의한 포괄손 익계산서(기능별)에 표시되는 기타비용의 금액은 얼마인가? 1,750,000

과목	제 5(당)기 [2021/01/01 - 2021/12/31] 금액	제 4(전)기 [2020/01/01 - 2020/12/31] 금액
[영 업 이 익]	115,471,925	331,220,000
Ⅳ. 기 타 수 익	2,510,000	370,000
당기손익-공정가치측정금융자산평가이익	2,500,000	0
잡 이 익	10,000	370,000
Ⅴ. 기 타 비 용	1,750,000	20,720,000

▶ [원가회계] 시작하기
CAMP sERP : 오른쪽 상단의 [사업장변경]버튼 클릭 → [사업장변경]메뉴에서 해당 사업장 선택 → [사업장변경]버튼 클릭
New sPLUS : 왼쪽 상단의 [회사코드]표시부분 클릭 → [회사코드]를 검색 → 해당 회사 선택

문제 2 **원가회계**

◎ 지시사항 : '(주)원영산업'의 거래 자료이며 회계연도는 2021.1.1 ～ 12.31이다.

1. 다음의 11월 원가계산 과정을 순서대로 처리하시오. 단, 임금 및 제조경비는 주어진 기초자료에 이미 처리되어 있다. 〈20점/각4점〉

(1) 11월 10일   다음의 작업지시서를 발행하고, 같은 날 주요자재를 출고하였다.

① 작업지시서 내용

지시일자	제품명	작업장	작업지시량	작업기간
11월 10일	갑제품	제1작업장	240(BOX)	11월 10일 ～ 11월 30일
11월 10일	을제품	제2작업장	300(BOX)	11월 10일 ～ 12월 11일

② 자재사용(출고)등록

갑제품 작업지시서 : 재료X 100Kg, 재료Y 160Kg(제1작업장)

을제품 작업지시서 : 재료X 240Kg, 재료Z 160Kg(제2작업장)

※ CAMP sERP는 자재사용출고등록을 (2)생산자료등록에서, New sPLUS는
자재출고입력에서 처리함.

(2) 11월 30일 작업지시서(11월 10일 발행)에 대해 다음과 같이 생산자료를
등록하다.

품목	완성량 (EA)	재공품		작업(투입)시간	작업장
		월말 수량(EA)	작업진행률(완성도, %)		
갑제품	240	–	–	240	제1작업장
을제품	200	100	40%	160	제2작업장

※ New sPLUS는 완성도(작업진행률등록)를 (3)원가기준정보에서 처리함.

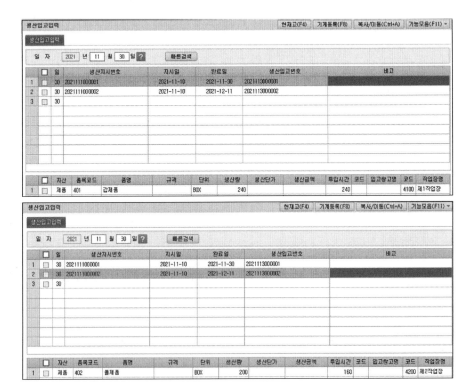

(3) 11월의 원가기준정보를 다음과 같이 등록하다.

① 노무비배부기준등록(총근무시간)

관련부문	생산1부	생산2부
총근무시간	320	200

부서코드	부서명	작업부서출입금	총근무시간	출작업시간	임률
2100	생산1부	48,000,000	320	240	150,000
2200	생산2부	42,000,000	200	160	210,000

② 보조부문비배부기준등록

관련부문	생산1부	생산2부
동력부	60	40
절단부	50	50

제조부문→ 보조부문↓	생산1부	생산2부	비고
동력부	60	40	
절단부	50	50	

③ 작업진행률등록 [을제품 : 40%] ※ New sPLUS에서만 적용함

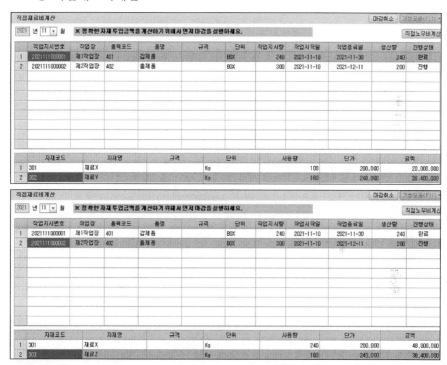

(4) 11월의 실제원가계산을 작업하시오.

① 기초재공품계산

② 직접재료비계산

③ 직접노무비계산

④ 제조간접비계산(제조부문비배부기준 : 투입시간)

제조간접비계산(부문별) 기능모음(F11)

2021년 11월 제조간접비(보조부문)

| 계정코드 | 계정명 | 제조부문 | | 보조부문 | | 합계 |
		생산1부	생산2부	동력부	절단부	
51100	복리후생비	10,000,000	12,000,000	18,000,000		40,000,000
51500	가스수도료	10,000,000	12,000,000	13,200,000		35,200,000
51600	전력비	18,000,000	15,000,000	24,000,000		57,000,000
52000	수선비		10,000,000		16,000,000	26,000,000
52100	보험료			12,000,000		12,000,000
52400	운반비				12,000,000	12,000,000
BBB	간접노무비	12,000,000	8,400,000	30,000,000	18,000,000	68,400,000

제조간접비계산(보조부문) 기능모음(F11)

2021년 11월 제조간접비(제조부문)

| 부서코드 | 부서명 | 제조부문 | | 합계 |
		생산1부	생산2부	
3100	동력부	58,320,000	38,880,000	97,200,000
3200	절단부	23,000,000	23,000,000	46,000,000

제조간접비계산(제조부문) 기능모음(F11)

2021년 11월 제조부문비 배부기준 1. 투입시간 완성품원가조회

| 작업지시번호 | 제품코드 | 제품명 | 규격 | 단위 | 제조부문 | | 합계 |
					생산1부	생산2부	
2021111000001	401	갑제품		BOX	131,320,000		131,320,000
*	402	을제품		BOX		119,280,000	119,280,000

⑤ 개별원가계산　　⑥ 종합원가계산(평균법)

완성품원가조회 기능모음(F11)

2021년 11월 원가계산방법(종합) 1. 평균법

| 작업지시번호 | 제품코드 | 제품명 | [기초]직접재료비 | [기초]직접노무비 | [기초]제조간접비 | [기초]합계 | 완성품수량 | 총제조원가 |
| | | | [당기]직접재료비 | [당기]직접노무비 | [당기]제조간접비 | [당기]합계 | | 완성품제조원가 |
			[기말]직접재료비	[기말]직접노무비	[기말]제조간접비	[기말]합계		단위당제조원가
2021111000001 개별	401	갑제품						225,720,000
			58,400,000	36,000,000	131,320,000	225,720,000	240	225,720,000
								940,500
* 종합	402	을제품						239,280,000
			86,400,000	33,600,000	119,280,000	239,280,000	200	185,000,000
			28,800,000	5,600,000	19,880,000	54,280,000		925,000

⑦ 원가반영작업

결산자료입력 전표추가(F3) 기능모음(F11)

결산일자 2021년 01월 부터 2021년 11월 까지

과	목	결산분개금액	결산입력사항금액	결산금액(합계)
1. 매출액				
2. 매출원가				410,720,000
제품매출원가		410,720,000		410,720,000
1)원재료비				144,800,000
원재료비		144,800,000		144,800,000
(2). 당기 원재료 매입액			248,000,000	
(10).기말 원재료 재고액			103,200,000	
3)노 무 비				138,000,000
(1). 임금		138,000,000		
(2). 퇴직급여(전입액)				
(3). 퇴직연금충당금전입액				
7)경 비				182,200,000
(1). 복리후생비 외		182,200,000		182,200,000
복리후생비		40,000,000		
가스수도료		35,200,000		
전력비		57,000,000		
수선비		26,000,000		
보험료		12,000,000		
운반비		12,000,000		
8)당기 총제조비용				465,000,000
(4). 기말 재공품 재고액			54,280,000	

(5) 11월의 원가계산 마감한 후 제조원가명세서를 조회하시오. 단, 원미만은
버림으로 처리한다.

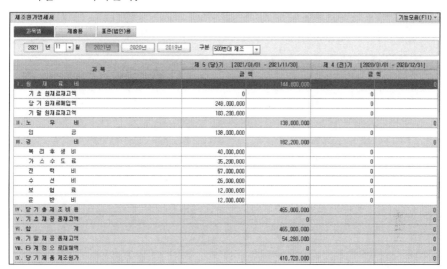

과 목	제 5 (당)기 [2021/01/01 ~ 2021/11/30] 금액	제 4 (전)기 [2020/01/01 ~ 2020/12/31] 금액
I. 원 재 료 비	144,800,000	0
기 초 원재료재고액	0	0
당 기 원재료매입액	248,000,000	0
기 말 원재료재고액	103,200,000	0
II. 노 무 비	138,000,000	0
임 금	138,000,000	0
III. 경 비	182,200,000	0
복 리 후 생 비	40,000,000	0
가 스 수 도 료	35,200,000	0
전 력 비	57,000,000	0
수 선 비	26,000,000	0
보 험 료	12,000,000	0
운 반 비	12,000,000	0
IV. 당 기 총 제 조 비 용	465,000,000	0
V. 기 초 재 공 품 재 고 액	0	0
VI. 합 계	465,000,000	0
VII. 기 말 재 공 품 재 고 액	54,280,000	0
VIII. 타 계 정 으 로 대 체 액	0	0
IX. 당 기 제 품 제 조 원 가	410,720,000	0

[저 자 약 력]

■ 임 규 찬

청주대학교 대학원(경영학석사·경영학박사)
한국국제회계학회 이사
대한회계학회 감사
한국회계정책학회 이사
충청북도 중등교사임용시험 출제위원
울산광역시 아파트분양원가 심의위원
청주시시정평가 위원
현재, 청주대학교 회계학과 교수

New sPLUS(더존Smart)에 의한

전산회계운용 [2급]

2021년 8월 25일 초판 인쇄
2021년 8월 30일 초판 발행

저 자 임   규   찬
발행인 배   효   선

발행처 도서
출판 法 文 社

주 소 10881 경기도 파주시 회동길 37-29
등 록 1957년 12월 12일 / 제2-76호(윤)
전 화 (031)955-6500~6 Fax (031)955-6525
e-mail(영업): bms@bobmunsa.co.kr
　　　(편집): edit66@bobmunsa.co.kr
홈페이지 http : // www.bobmunsa.co.kr

조 판 (주)성 지 이 디 피

정가 19,000원   ISBN 978-89-18-91238-7